MARC WEIHERHOF

Der Bosporus-Kurier

Gay Romance

Marc Weiherhofs bisherige Veröffentlichungen:

Das Vermächtnis des Unbekannten (2014)
ISBN Paperback   978-3-86361-388-4
Der Pakt: Ein Thriller (2015)
ISBN Paperback   978-3-86361-467-6

© 2015 Marc Weiherhof – Autor schwuler Literatur
Web   http://www.marc-weiherhof.ch/blog
E-Mail   marc@marc-weiherhof.ch

Coverdesign   Marc Weiherhof
Coverfoto   http://de.123rf.com
Lektorat   Svenja Heneka
                http://www.text-lektorat-koeln.com
Verlag   tredition GmbH, Hamburg

ISBN
Paperback   978-3-7323-3083-6
E-Book   978-3-7323-3084-3

Printed in Germany

Inhaltsverzeichnis

Prolog: Horror

„Woher hast du diese Scheißdrogen?", brüllte der Justizvollzugsbe-
amte, während er Sebastians Kopf mit der flachen Hand gegen die
keimverseuchte WC-Schüssel presste. „Woher hast du das Koks?
Spuck es aus, du Schwuchtel!" Die Stimme wurde lauter und be-
drohlicher. Die Drohungen des Beamten hallten durch die Enge der
Gefängniszelle. Er drehte Sebastians Arm auf seinen Rücken.
Wenn er so weitermachte, würde er ihm die Schulter auskugeln.

„Bitte – Aua – Stopp! Hören Sie auf! Ich habe Ihnen schon tau-
sendmal gesagt, dass ich nicht weiß, woher diese Drogen sind. Ich
weiß nichts darüber. Die hat mir jemand in den Rucksack geschmuggelt. Bitte, Sie müssen mir glauben! Hören Sie auf! Sie tun
mir weh!", bettelte Sebastian verzweifelt. Seine Angst steigerte
sich von Sekunde zu Sekunde. Der Aufseher schien mit der ge-
stammelten Antwort nicht mal annähernd zufrieden zu sein. Er griff
mit seiner rauen Hand in Sebastians halblanges, blondes Haar und
drückte sein wehrloses und verängstigtes Opfer tiefer in das was-
sergefüllte Klosett.

Sebastian starrte voller Abscheu und abgrundtiefem Entsetzen
in die trübe Flüssigkeit, die in der schmutzigen Chromstahlschüs-
sel schwamm. Automatisch wanderten seine Augen panisch umher
und sein Blick fiel auf das Metall an den Seiten. Ein Fehler! An den
Rändern hafteten nicht identifizierbare, getrocknete Spuren vorhe-
riger Häftlinge, was Sebastians Brechreiz anregte. Ein ureigener
Instinkt, der sich schwer aufhalten lässt. Sebastian wusste, dass
sich seine Lage – und das Wasser – massiv eintrüben würden,
wenn er sich jetzt übergeben müsste. Er versuchte sich zu beherrschen, um seinen Mageninhalt nicht in die Schüssel zu erbrechen,
in die er gleich – ohne Zweifel – eingetaucht würde. Als sein Blick
wieder auf die immer näher kommende Brühe fiel, wurde ihm klar,
dass es nicht mehr lange dauern würde, bis er damit in Kontakt
kommt. Seine Gedanken rasten. *Wann erwache ich aus diesem
grausamen Albtraum? Bitte lass mich aufwachen! Bitte! Ich habe*

nichts getan. Wieso passiert mir das? Warum mir? Was für ein Albtraum!

Doch das war kein Albtraum.

Das war die Wirklichkeit in ihrer erschreckendsten und grausamsten Form. Sebastians Körper zuckte und er versuchte sich verzweifelt zu wehren, zu befreien. Der Wärter war stärker und übte unsäglichen Druck auf seinen Arm und seinen Kopf aus. Er fühlte sich hilflos, ohnmächtig und ausgeliefert. Das war das Schlimmste an dieser Situation! *Warum passiert mir das? Warum mir? Bitte, lass ihn aufhören!* Die ersten Haarsträhnen kamen mit dem trüben Nass in Kontakt. Sebastian konnte fast sehen, wie sie sich mit der Feuchtigkeit vollsogen. Jetzt ging es nicht mehr lange. Sebastian holte tief Luft.

„Na, mal sehen, wie dir das gefällt, du Schwanzlutsch–", fluchte der Beamte. Die grausamen Worte wurden zu einem Rauschen, als Sebastians Gesicht unter Wasser gedrückt wurde. Er hörte dumpfes Klopfen, den Aufschrei der Metallschüssel.

Blanke Panik, eine unsägliche Angst machte sich in ihm breit, infizierte jede Zelle seines adrenalin- und instinktkontrollierten Körpers. Er versuchte sich zu konzentrieren und den Gedanken an die unhygienische Flüssigkeit in der Toilettenschüssel zu verdrängen. Schwer fiel ihm das nicht. Sein Überlebensinstinkt hatte bereits die Kontrolle übernommen. Seine ganze Kraft bündelte sich in seinem Körper, in seinen Extremitäten. Mit seinen Knien und Füßen versuchte er sich vom nassen und rutschigen Boden abzustoßen, sich aus dem eisernen Griff seines Peinigers zu winden.

Ohne Erfolg.

Jetzt muss ich sterben. Als es Sebastian langsam schwarz vor Augen wurde, wehrte er sich mit aller Kraft dagegen. Er riss seine Lider weit auf und kämpfte gegen die Ohnmacht. Doch er musste seine Augen sofort wieder schließen, da sie wie Feuer brannten. Das Wasser reizte seine Netzhaut. Er musste atmen, er brauchte Sauerstoff! Wie lange wurde er schon unter Wasser gedrückt? Die Zeit schien stehenzubleiben. Eine grausame, unendliche Ewigkeit.

Jede einzelne Zelle seines Körpers verlangte nach Sauerstoff, schrie regelrecht danach.

Ich muss atmen! Lass mich atmen!

Der Drang nach Luft zu schnappen, wurde immer unerträglicher. Seine Lungen sehnten sich nach Sauerstoff. Der Schmerz, war brennend, stechend und pulsierend zugleich. Die Angst vor dem Tod, vor einem grausamen Ertrinken, war zentral und mächtig. Sebastians Körper zitterte unkontrolliert. Er wurde von heftigen Krämpfen geschüttelt. *Ich kann nicht mehr länger warten!* Das war sein letzter Gedanke, bevor er es nicht mehr aushielt, seine Lippen einen Spalt breit öffnete und einen Schwall Wasser in seinen Mund ließ. Es brannte – in seinem Hals, in der Luftröhre und in der Lunge. Lichtblitze zuckten vor seinen Augen. Das Brennen breitete sich auf sein gesamtes Nervensystem aus und sein Schädel fühlte sich an, als würde er in Kürze zerspringen.

Luft! Er konnte an nichts anderes denken.

Sebastians Zellen waren dabei abzusterben, was den Schmerz verursachte. Bald würde sein Gehirn aussetzen und er würde in eine dunkle Bewusstlosigkeit abdriften. Der Schmerz pulsierte in seinem Körper. Langsam verschwamm die Realität.

Ich will noch nicht sterben! Bitte!

Er merkte kaum, wie sein Kopf nach oben gezogen wurde, raus aus dem Wasser. Automatisch schnappte er nach Luft. Er versuchte verzweifelt zu atmen.

Nichts.

Er war wie ein Fisch auf dem Trockenen und merkte wie das Wasser von seinem Gesicht tropfte. Schlagartig strömte der langersehnte Sauerstoff brennend in seine Lungen und versorgte seinen gepeinigten Organismus mit dem lebenswichtigen Elixier. Endlich! Sein Körper wehrte sich gegen das eingeatmete Wasser und so hustete und würgte er die unhygienische Flüssigkeit aus seinen Atemwegen. Er erbrach sich auf den Boden, tränkte seine Hände und Kleider damit. Doch Sebastian bemerkte das kaum. Er schnappte noch immer nach Luft und versuchte tief ein- und auszuatmen. Er weinte, schluchzte und schrie. Die ganze Angst und Panik entlud sich auf einmal. Die Geräusche, die sein geschundener Körper von sich gab, spiegelten den puren Horror wieder. Er spürte die Feuchtigkeit, die ihm über Rücken und die Brust tropfte. Alles war nass und triefte. Doch in diesem Moment war alles egal. Er war so froh wieder frei atmen zu können. Er spürte, wie sich sein Puls langsam beruhigte und auch die letzte Zelle mit Sauerstoff versorgt wurde. Der brennende Schmerz ließ langsam nach und zurück blieb ein dröhnendes Hämmern in seinem Kopf, als ob eine ganze Marschkappelle musizierte.

„Scheiße! Warum tun Sie mir das an? Was habe ich Ihnen getan? Verdammt noch mal!", presste Sebastian hervor. Er hustete ununterbrochen. Doch statt einer Antwort trat der Beamte zu, traktierte Sebastian mit dem Stiefel. Das Opfer kippte zur Seite. Schmerzboten jagten durch sein überreiztes System. Er atmete schwer, hustete und verkrampfte sich. Er hatte panische Angst.

Todesangst.

Vor wenigen Sekunden war er noch sicher, er müsse ersticken. Eine schreckliche Art zu sterben. Dieser Gedanke erfüllte ihn mit abgrundtiefer Furcht. Er versuchte ruhig zu atmen, sich zu beruhigen. *Alles wird gut. Alles wird gut. Du schaffst das!*

„Na, redest du jetzt oder soll ich weitermachen?", keifte ihn der Wärter an.

„N-nein. Bitte, bitte nicht. Ich weiß doch nichts. Wirklich. Bitte ... nicht ... bitte nicht nochmal. Bitte, nein!" wimmerte Sebastian. Sein Peiniger war um einiges größer als er, wirkte nahezu riesenhaft, wie er so über Sebastian stand. Mit einem dreckigen Grinsen blickte er auf das Häufchen Elend herab, das vor seinen Stiefeln kauerte und keuchte. Die dunklen Haare des Justizvollzugsbeamten waren zu einem kurzen Bürstenschnitt geschnitten und sein Kinn war vernarbt. Er wirkte stark, gut trainiert.

Sebastian wurde erneut von seinen rauen Händen am Kragen gepackt und nach oben gezerrt. Die Wache schleifte ihn brutal durch den Raum und drückte ihn auf einen Stuhl, der an einem wackeligen, in der Wand verankerten Tisch stand. Der Beamte griff nach Sebastians linker Hand und drückte sie fest auf die Tischplatte. So etwas hatte Sebastian noch nie erlebt. Er hatte keine Chance seinen Arm auf der Tischplatte zu bewegen. Egal, wie sehr er es auch versuchte.

„So, jetzt hörst du mir zu, du Schwuchtel! Du sagst mir, wer dein Dealer ist und woher du diese verdammten scheiß Drogen hast! Verstanden? Wenn du es mir nicht sagst, wirst du es bereuen. Glaub's mir, du kleiner, schwuler Arsch!", brüllte ihm der Mann direkt ins Ohr. Er griff nach Sebastians kleinem Finger, schloss langsam seine Faust um ihn und zog ihn mit einem gemeinen Grinsen bis zum Anschlag nach hinten. Die empfindliche Haut um den Finger spannte, als Gelenke und Knochen langsam überdehnt wurden.

„Nein! Nein, bitte nicht! Ich habe Ihnen alles erzählt, was ich weiß. Bitte! Ich weiß nicht, wer mir diese Drogen untergejubelt hat. Glauben Sie mir endlich! Ich weiß nichts über diese Drogen!" Während Sebastian um Gnade winselte, drückte der Justizbeamte den Finger weiter nach hinten. Sebastians Finger schien zu explodieren, so als ob seine Haut in Kürze reißen und aufplatzen würde. Wie eine Wurst, die zu lange und zu heiß gekocht wurde.

„Oh Gott ... oh Gott. Nein, bitte! Bitte glauben Sie mir endlich! Ich wurde verarscht. Ich weiß nicht woher das Zeug stammt oder wer es mir untergejubelt hat. Sonst würde ich es Ihnen sagen. Ich weiß es nicht!" Der Schmerz und die Angst vor dem, was gleich passieren würde, mischten sich zu einem explosiven Cocktail, der Sebastians Sinne vereinnahmte. Der Schmerz, der von seinem Finger ausging, verhieß nichts Gutes. Gepeinigt schloss Sebastian die Augen. In diesem Moment geschah etwas Merkwürdiges: Für Sebastian war es, als ob er seinen eigenen Körper verließe und von oben auf diese makabere Szene hinabblickte. Er war abwesend und doch präsent in seinem misshandelten Körper. Alles wirkte so unwirklich, absolut surreal. Sebastian Pola in einer türkischen Gefängniszelle, malträtiert von einem wild gewordenen Justizvollzugsbeamten, in einer Toilette gequält, den Finger bis zum Anschlag nach hinten gebogen. *Wieso tut man mir das an? Warum?* Doch schon verflog der Moment und er wurde mit einem Ruck zurück in seinen Körper katapultiert.

„Letzte Chance!", brüllte ihm der Wärter ins Ohr. Für einen kurzen Moment klangen Sebastians Ohren nach, so laut hallten die Worte durch seinen Gehörgang. Aber immerhin hatte er den Druck auf seinen Finger reduziert. Sebastians Gedanken kreisten. *Warum hört mir dieser Idiot nicht zu? Warum glaubt er mir nicht? Ich habe nichts mit diesen Drogen zu tun. Mach, dass er mir glaubt! Bitte!*

„Ich weiß nicht, wer mir diese Dro-", flüsterte Sebastian, bevor der Wärter mit einem schnellen und kräftigen Ruck seinen Finger nach hinten knickte. Ohne zu zögern, brach ihm dieses Schwein seinen kleinen Finger!

Das Geräusch des brechenden Fingers dröhnte in Sebastians Ohren. Er brüllte vor Schmerzen. Der brechende Knochen, sein Schrei, alles erhob sich zu einer schallenden Kakophonie. Für Sebastian war es endgültig zu viel. Ihm wurde schwarz vor Augen und er verlor das Bewusstsein.

Verzweiflung.

Angst.

Entsetzen.

Dunkelheit.

Stadtrundgang

Sebastians Kurzurlaub in der Türkei neigte sich langsam dem Ende zu. Die Zeit, die er in dieser fremden Stadt, in diesem unbekannten Land verbracht hatte, war intensiv und erfahrungsreich. Ungern dachte er daran, dass er in zwei Tagen wieder bei der Arbeit erscheinen sollte, um den Kunden bei ihren alltäglichen Gesundheitsproblemen zu helfen, sie zu beraten und sie bei ihrer Gesundung zu begleiten. Fairerweise muss man sagen, dass Sebastian eigentlich gerne in der kleinen Apotheke mitten in der Münchner Altstadt arbeitete.

Aber der Alltag wirkte noch so fern.

Er besuchte alleine, nur mit einem Rucksack, einem Reiseführer und einer Karten-App bewaffnet, die bekannteste türkische Stadt am Bosporus, der Meerenge zwischen Mittelmeer und Schwarzem Meer. In Istanbul stößt man an fast jeder Ecke auf atemberaubende Sehenswürdigkeiten und geschichtsträchtige Hotspots. Aber am meisten faszinierte Sebastian die lebendige Kultur der Stadt, die rund um die Uhr pulsiert. Überall finden sich gut besuchte Pubs, Restaurants, Markthallen, Discos und Cafés. Die Stadt wächst und prosperiert. Und bei aller Modernität gelang es, den osmanischen Charme zu bewahren und den Spagat zwischen Kultur, Vergangenheit und Moderne zu meistern. Oft scheint Istanbul vor lauter Touristen und Einwohnern aus allen Nähten zu platzen. Die Straßenbahnen und Busse sind maßlos überfüllt und dauerüberlastet. Es kommt regelmäßig zu Verspätungen, Ausfällen oder zum totalen Verkehrskollaps. Die dicht aneinander gepferchten Touristen sind leichte Beute für dreiste Taschendiebe. Sebastian beobachtete zweimal, wie Kleinkriminelle durch die Züge drängelten und dabei alles zusammenstahlen, was ihnen gefiel. Eine Warnung. Sebastian war sensibilisiert und behielt seine Wertsachen noch viel besser im Blick.

Als Pharma-Assistent verdiente Sebastian als in der Apotheke nicht gerade viel. Und ein junger Mann hat unheimlich viele Bedürfnisse, die es zu befriedigen gilt: das eigene Auto, rauschende Partys, ausgefallene Klamotten, die Ausbildung und sonstige Freizeitaktivitäten. Er war froh, nach zwei Jahren endlich genug Geld für diesen Trip beisammenzuhaben. In seinen sieben Urlaubstagen hauste er in einer kleinen, preisgünstigen Jugendherberge unweit der Hagia Sofia: im Sultanahmet Youth Hostel. Ein schäbiges Etablissement mit zweifelhaftem Ruf. Dennoch das einzige, das er sich leisten konnte und wollte. Er besuchte die ehrwürdige Blaue Moschee, die Hagia Sofia, den umtriebigen Ägyptischen Basar, den beeindruckenden Palast des Sultans sowie den Großen Basar. Überall stolperte er über atemberaubende, architektonische Meisterwerke vergangener Baumeister und Kulturen. Und jedes Mal, wenn er an der Blauen Moschee vorbeiging, warteten tausende Personen auf Einlass.

Verrückt.

Sebastian hatte Glück gehabt. Als er vor zwei Tagen morgens mit der ersten Gruppe die ehrwürdigen Hallen betrat, musste er nicht lange warten. Vor dem Einlass wurden alle Frauen mit langen, blauen Wickelröcken und farbenfrohen Kopftüchern ausgestattet. Die Aufmerksamkeit der Gläubigen soll Allah und der Moschee gelten und nicht den freizügigen Dekolletés der westlichen Frauen. Zudem mussten alle Besucher ihre Schuhe ausziehen und barfuß oder in Socken durch die Hallen schlendern. Füße aus unzähligen Ländern der Welt verbreiteten ein Odeur, das von Weitem zu riechen war. Sebastian fuhr mit der Fähre durch die Häfen am Marmarameer, besuchte die asiatische Seite der Stadt, den Taksim-Platz und die belebten Einkaufsstraßen rund um diesen zentralen Ausgangspunkt. Er unternahm lange Spaziergänge durch die Altstadt und lernte die Gepflogenheiten der Istanbuler kennen. Er war von der türkischen Kultur fasziniert und wollte so viel wie möglich erleben und sehen. Er hatte in diesen paar Tagen viele interessante Bekanntschaften geknüpft und spannende Gespräche geführt. Er fragte nach politischen und religiösen Ansichten und verstrickte sich regelmäßig in angeregte Diskussionen, die allzu oft mit einem türkischen Kaffee und einem köstlichen Lokum – einer extrem süßen und klebrigen Süßigkeit – beendet wurden. Er erlebte eine herzliche Kultur, viel Nächstenliebe, aber auch Menschen, die tief gespalten zwischen dem religiösen und kulturellen Erbe ihrer Vorväter und der saloppen, freien Lebensart des Westens sind. Ein Spagat, der viele Istanbuler vor eine kaum lösbare Herausforderung stellt.

Am vorletzten Tag seiner Istanbul-Reise wollte Sebastian auf den Galataturm – einen Teil der ursprünglichen Stadtbefestigung –, um von hier aus die atemberaubende Aussicht über die Stadt, den umtriebigen Kreuzfahrthafen und den stahlblauen Bosporus zu genießen. Er schlenderte von seiner Ramsch-Herberge aus auf Seitensträßchen die Anhöhe hinab. Die Straßen waren von unzähligen Geschäften und Boutiquen gesäumt. Hier bekommt man alles, was das Herz begehrt: wunderschöne Hochzeitskleider, allerhand Putzutensilien, billige Spielsachen, kitschige Souvenirs, klebrige Kalorienbomben, Schwarzmarkt-Fernseher, Ledergürtel, Second-Hand-Turnschuhe, Ramsch-Anzüge, Kochtöpfe oder vorgravierte (!) Grabsteine. In den ersten Stunden kam er aus dem Staunen nicht mehr heraus. Mittlerweile hatte er sich an den ganz gewöhnlichen Wahnsinn der türkischen Einkaufskultur gewöhnt. Ein paar Querstraßen weiter empfingen die offenen Holztore des Großen Basars die kaufwütigen Touristen und Einheimischen. Ein unterschwelliger Duft von ätherischen Ölen, intensiven Gewürzen und – naja – Istanbul strömte ihm entgegen. Von Weitem hörte man die Händler, wie sie wohlriechende Gewürze, hochwertige Lederjacken und klebrige Süßigkeiten anpriesen:

„Hallo mein Freund. Hi my friend. Kaufen Jacke? Sonnenbrille? Wanna buy jacket or glasses?", tönte es von überall her. Die Händler schienen die Touristen sofort in sprachliche Gruppen und Nationalitäten einzuteilen. Sie wussten instinktiv mit welcher Sprache sie ihre „Opfer" ansprechen mussten, um einen guten ersten Eindruck zu hinterlassen. Die geborenen Verkäufer. Sebastian verneinte jedes Angebot vehement, lächelte freundlich und marschierte weiter.

Zielstrebig.

Wie überall im arabischen Raum, gehört das Marktleben auch in Istanbul zur Einkaufskultur. In jedem Geschäft wird ge- und verhandelt. Egal ob man nun Silberschmuck, Kleider, Süßigkeiten oder Gewürze kaufen will, ob man in einem Kaufhaus, einer Boutique oder beim Straßenhändler kauft, verhandelt wird überall. Jeder Tourist, der die Fähigkeit des Handelns nicht beherrscht, wird gnadenlos ausgenommen und über den Tisch gezogen.

Handeln ist Pflicht.

Fünf Minuten später lag vor Sebastian der nächste Markt: Der Ägyptische Basar. Drei große, steinerne Torbögen empfangen die Besucher aus aller Welt in einer Art Paralleluniversum. Unzählige Korridore führen durch das Innere des weitläufigen Basars. Auf tausenden Steinsäulen thront das gewölbte Dach mit seinen Kuppeln. Um diese Markthalle machte er einen großen Bogen. Ohne mindestens 500 Säckchen mit Gewürzen, Tees und einigen Souvenirs würde er dort nicht mehr herauskommen. Er erinnerte sich lebhaft an seinen ersten Besuch vor drei Tagen. Die Marktleute hatten ihm die Lira förmlich aus den Taschen gezogen und dafür Safran, Paprika, Salz, Curry, Zimt und Kardamom hineingestopft. Es war ein Erlebnis der Extraklasse. Er wurde von Marktstand zu Markstand „weitergereicht" und ausgenommen wie eine gutgefüllte Weihnachtsgans. Hätte man das Ganze im Zeitraffer mitangesehen, hätte es sicher urkomisch ausgesehen:

„Komm mein Freund", hatten die Händler krakeelt, während sie ihn in ihre schmuddeligen, kleinen Ladenflächen zerrten. Fremde Hände umfassten seine Handgelenke mit festem Griff und zogen ihn vom Mittelgang weg. „Probieren!", meinten sie, während sie ihm die zuckersüßen Kariesverursacher in den Mund stopften, ihn damit mästeten, bis er das Gefühl hatte, er müsse sich gleich übergeben. Als er endlich (zu viel) bezahlt hatte, wurde er mit einem knappen „Tschüss" verabschiedet und vom nächsten Marktverkäufer mit „Komm mein Freund" in Beschlag genommen. Eine witzige Geschichte, die er seinen Freunden zu Hause erzählen würde. Er besaß genug Gewürze, Souvenirs und Teeblätter für sein restliches Leben. Er wollte nicht Gefahr laufen, erneut in diesen heimtückischen Strudel der fernöstlichen Leckereien-Verkäufer gesogen zu werden, aus dem es beinahe kein Entrinnen gab. Als er den ersten Händler erblickte, bog er in eine angrenzende Seitenstraße ab und umging den starkfrequentierten Basar. Die Straßen, über die keine Heerscharen von Touristen strömten, wirkten heruntergekommen und schmutzig. Überall standen ausgediente Pappkartons herum, Müllsäcke zierten die Straßen und Hunde- und Katzenkot entwickelten sich in der prallen Sonne zu attraktiven Brutstätten für Insekten und Krabbelviecher aller Art. Der säuerliche Verwesungsgeruch verursachte bei Sebastian eine aufsteigende Übelkeit. Aber so funktioniert nun mal die städtische Müllentsorgung Istanbuls: Freie Papier- und Plastiksammler fischen die Wertstoffe heraus und die städtischen LKWs sammeln irgendwann den Rest ein.

Kurze Zeit später schritt er durch die Unterführung, die ihn unter der vielbefahrenen Straße Ragıp Gümüşpala durchführte. Fußgänger aus aller Herren Länder quetschten sich hier durch. Flackernde Neonröhren spendeten kaltes Licht. Auf den Seiten hatten Verkäufer ihre Köstlichkeiten und Waren auf klapprigen Tischen und bunten Tüchern ausgebreitet, Bettler waren auf der Suche nach Wohltätern und Saftverkäufer pressten frische Granatäpfel und Orangen zu erfrischenden Saftkreationen. Die Hitze in der kaum belüfteten Unterführung war erdrückend, der Gestank widerlich und beißend. Die olfaktorischen Abgründe der menschlichen Zivilisation vereinten sich hier unten zu einem Geruchsgemisch der besonders abstoßenden Art. Sebastian war froh, als er auf der anderen Seite auf die Galata-Brücke treten und die relativ frische Außenluft atmen konnte. Die zweigeschossige Betonbrücke ist etwa 400 m lang und trägt eine mehrspurige Fahrbahn, Tramgleise und zwei Gehwege. Auf der unteren Ebene schossen in den letzten Jahren Fischrestaurants und Cafés wie Pilze aus dem Boden und locken die Gäste mit kulinarischen Höhenflügen. An den Seiten des Oberdecks, in den Fußgängerzonen, stehen jeden Tag unzählige Fischer, die ihre Angelhaken ins Wasser werfen und auf Fische warten. Blickt man seitlich vom Brückenportal her über die Brüstung, sieht man die vielen feinen, nylonartigen Fäden, die ins Wasser tauchen.

Ein spezielles und einmaliges Schauspiel.

Wie ein abstraktes Spinnennetz bilden die dünnen Fäden den fließenden Übergang zwischen Land und Wasser. Ab und an fängt ein Fischer einen hilflos zappelnden Meeresbewohner, der samt dem Haken aus dem Wasser gezogen wird. So geht das den ganzen Tag. Die Familienmitglieder wechseln sich beim Fischen ab und so muss der vermeintliche Stamm- und Glücksplatz nie aufgegeben werden. Während Mama zu Hause das Essen kocht, ist Papa mit den Kindern beim Fischen. Danach geht er nach Hause, während der Sohn die Rute bewacht. Kurze Zeit später kommt Mama mit der Tochter und der Sohnemann darf nach Hause, um sich zu erfrischen. Der Zyklus beginnt immer wieder von vorn. Es scheinen sich Gewerbezweige speziell für diese Fischersleute entwickelt zu haben. Wasserboten und Fruchtsaftverkäufer versorgen die Angler mit Erfrischungen, Wurm- und Köderhändler bringen frische Köder und Brezelverkäufer sorgen für das leibliche Wohl. Es wuseln unzählige Menschen auf dem engen Gehweg umher. Ein farbenfroher und abwechslungsreicher Fischbasar inmitten der Stadt – auf der Galata-Brücke. Der einzige Unterschied zu den anderen Märkten der Metropole besteht darin, dass dieser einzig und allein von den einheimischen Fischern lebt. Sebastian schlenderte an den ins Wasser starrenden Menschen vorbei, an den Händlern und Verkäufern und blickte zum Galata-Turm empor.

Ein steiler Aufstieg stand ihm bevor.

Soll ich mir das antun? Sebastian war unsicher. Die Temperatur näherte sich neuen Spitzenwerten und sein T-Shirt klebte bereits an seinem schmächtigen Körper. *Keine Chance!* Er entschied sich, den mühsamen Aufstieg durch die weitaus angenehmere Fahrt mit der altertümlichen Standseilbahn abzukürzen. Der Eingang zur Tünelbahn befindet sich unweit der Galata-Brücke und ist angenehm kühl und modern gestaltet. Nach wenigen Minuten rumpelte das Gefährt in den Bahnhof, die Türen öffneten sich und hunderte Passagiere strömten in den engen, schlauchartigen Bahnhof.

Einige Augenblicke später setzte sich die Standseilbahn wieder in Bewegung, um die neuen Passagiere – inklusive Sebastian – nach oben zu befördern. Das Geräusch, das die Stahlräder auf den abgenutzten Schienen erzeugten, glich dem jämmerlichen Geschrei einer Katze, die mit einer Kreissäge malträtiert wird. Sebastian hielt sich die Ohren zu und kniff schmerzerfüllt die Augen zusammen. Am Zielbahnhof ging er durch die Drehkreuze nach draußen und befand sich sogleich auf der Anhöhe nahe der Unabhängigkeitsstraße. Der kurze Fußmarsch zum Galataturm war kurzweiliger und angenehmer als es der happige Aufstieg gewesen wäre. Sebastian beobachtete die Menschen, die ihm entgegenkamen und musste sich ein Grinsen verkneifen. Die Touristen erkannte man sofort: grelle Schirmmütze, überdimensionale Fotokamera, abgewetzte Turnschuhe, wetterfester Rucksack und eine Windjacke.

So wie er selbst.

Als er um die nächste Ecke bog und sich der imposante Turm endlich vor seinen Augen präsentierte, verpuffte seine gute Laune augenblicklich. Sie vaporisierte quasi. Vor dem Eingang wartete eine unzählbare Menschenmenge auf Einlass. Die Touristen wanden sich gleich einer überdimensionalen Schlange um den steinernen Turm, während die Sonne unbarmherzig auf ihre Köpfe brannte. Einige Engländer glühten wie das Rot einer Verkehrsampel.

„Verdammt, muss das sein?", grummelte Sebastian, als er sich anstellte. Gefühlte zehn Stunden später erklomm er den letzten Tritt der Wendeltreppe und trat auf die Aussichtsplattform des Festungsturms. Ein herrlicher und einmaliger Rundumblick belohnte ihn für den anstrengenden Aufstieg und das lange Warten – das faktisch nur eine halbe Stunde gedauert hatte. In der Ferne, auf einer Anhöhe, thront die Blaue Moschee. Die sechs spitzen Minarette umspannen den beeindruckenden Kuppelbau und verleihen ihm den unverkennbaren Charakter. Die Palastanlage des ehemaligen Sultans vereinnahmt den gesamten westlichen Zipfel des Goldenen Horns und war schlicht beeindruckend. Die gesungenen Gebete der Muezzins hallten durch die engen Gassen der

Stadt und überschlugen sich in den Häuserschluchten. Der Himmel war so blau wie das salzige Wasser der Meerenge. Was für ein gelungener, letzter Eindruck von dieser wunderschönen Stadt! Morgen würde er nach Deutschland zurückkehren und am Montag, pünktlich um neun Uhr, in der Apotheke auf der Matte stehen. Er ließ seinen Blick ein letztes Mal über das großartige Panorama gleiten, bevor er sich an den gaffenden Touristen und blitzenden Fotokameras vorbeidrängte, um zum Ausgang zu gelangen. Zurück ging es durch das am steilen Hang gelegene Altstadtviertel Beyoğlu. Um nicht den gleichen Weg zweimal zu gehen, flanierte er diesmal auf der unteren Etage über die Galata-Brücke, vorbei an provisorischen Marktbuden aus Karton und Restaurants, die mit köstlichen Meeresspezialitäten lockten. An jeder Ecke konnte frischer Granatapfel-Saft gekostet, ein neues Handycover oder eine falsche Marken-Sonnenbrille gekauft werden. Die Saftkreationen der Händler waren köstlich. Sebastian hatte es sich nicht nehmen lassen, an einem Stand einen Fruchtsaft zu bestellen. Einfach lecker und erfrischend. Er staunte nicht schlecht, als er merkte, wie viele Menschen sich hier unten tummelten. Es war ein regelrechtes Gedränge und das Durchkommen nicht gerade leicht. Er war ein bisschen erleichtert, als er sicher auf der anderen Seite angekommen war und den Weg durch den Gülhane-Park zu seinem Hostel in Angriff nehmen konnte. Dieser wunderschöne Park gehört zum Stadtteil Fatih und ist Teil der altehrwürdigen Topkapı-Palastanlage. Majestätische Bäume zieren die Wege und spenden den Besuchern eine schattige Abkühlung von der brütenden Sonne.

„Ja, Mama, es geht mir gut. Wirklich! Ja, alles in Ordnung. Ich werde dir ausführlich berichten, wenn ich zurück bin. Auf jeden Fall ist diese Reise jeden Cent wert! Ja, ich passe auf meine Wertsachen auf. Hm ... Ja, natürlich bin ich vorsichtig. Ich freue mich auch dich zu sehen. Mach dir bitte keine Sorgen, okay? Ich liebe dich auch", säuselte Sebastian ins Telefon, als er am Abend mit seiner Mutter telefonierte. Obwohl er fünfundzwanzig war und vor drei Jahren zuhause ausgezogen war, bemutterte sie ihn wie ein kleines Kind. Manchmal nervte ihn das, aber eigentlich gefiel ihm diese mütterliche Fürsorge ganz gut. Zum einen war er erwachsen und wollte auf eigenen Beinen stehen und doch ließ er sich gerne ab und zu von seiner Mutter verwöhnen. Wer tat das nicht? „Tschüss Mama. Bis morgen! Jaaahaaa, ich passe auf. Wirklich. Tschüss, lieb' dich!"

Endlich.

Sebastian ließ sich auf das harte Bett fallen. Müde und erschöpft. Er war ausgelaugt vom vielen Spazieren, Gucken und Fotografieren. Er hatte eines der beiden Einzelzimmer mit Dusche ergattert, die das spärlich eingerichtete Haus bot. Er war froh, nicht mit der breiten Masse übernachten und duschen zu müssen. So etwas lag ihm nicht, denn er war eher verschlossen und zurückhaltend. Bis zu seiner Anreise wusste er nicht, in was für ein Zimmer er einquartiert würde und war ziemlich erleichtert, als man ihm an der Rezeption mitteilte, dass er ein Zimmer für sich allein hatte. Einer dieser Schlafsäle hätte es zur Not wohl auch getan. Aber mit zehn anderen Männern in einem so kleinen Raum zu schlafen und sich die Toilettenanlagen zu teilen, das hätte Sebastian vor ein großes Problem sexueller Natur gestellt: Wie hätte er seine Libido im Zaum halten sollen, wenn sich die Männer ausgezogen und ihre Muskeln verglichen? Er wäre dauergeil gewesen, die reinste Folter! Nicht auszumalen, was die anderen mit ihm gemacht hätten, wenn sie seine Latte entdeckt hätten. Vielleicht hätten sie aber auch alle zusammen gewichst und sich gegenseitig dabei zugesehen?

Wunschdenken!

Bevor er seine müden Augen schloss, dachte er zurück an sein Erlebnis vor drei Tagen auf dem Ägyptischen Basar. Er war gerade in eine neue Marktbude „weitergereicht" worden, nachdem er beim vorherigen Händler schon Gewürze für die nächsten zehn Jahre eingekauft hatte. Während ihm der neue Verkäufer irgendetwas Süßes in den Mund stopfte, sah er ihn: modisch gekleidet, groß, braune, glatte Haare und wunderschöne graublaue Augen. Sebastian war wie vom Blitz getroffen. Ein unheimlich starkes Gefühl durchflutete ihn und kribbelte in jeder seiner Zellen. Ihm wurde warm und seine Nackenhärchen stellten sich unisono auf.

Der Mann war ein Traum!

In diesem Moment sah der Fremde auf und ihre Blicke trafen sich. Das Kribbeln in Sebastians Körper verstärkte sich und legte seine überhitzte Steuerungszentrale endgültig lahm. Er blendete alles aus, was um ihn herum passierte, nahm nichts mehr wahr. Er vergaß sogar das süße Etwas, das auf seiner Zunge vor sich hin schmolz. Dieser Moment, dieser Blickkontakt, war magisch, einmalig, etwas Besonderes. Plötzlich erhellte ein strahlendes Lächeln das wunderschöne Gesicht des Fremden und seine Augen blitzten auf wie funkelnde Diamanten. Zarte Lachfältchen bildeten sich um diese hypnotischen Augen und die Grübchen an seinem Kinn waren absolut sexy. Seine Zähne waren makellos und weiß wie Schnee. Nach ein paar Sekunden, die Sebastian wie Minuten vorkamen, biss sich sein Gegenüber lasziv auf die Unterlippe und zwinkerte Sebastian zu. Diesem sackten beinahe die Beine weg. So etwas passierte ihm normalerweise nicht und schon gar nicht in einem fremden Land auf irgendeinem Basar, an irgendeinem Stand. Dieser Moment hätte ewig dauern können und Sebastian hätte nichts lieber getan, als das perfekt geformte Gesicht zu verinnerlichen, die gemeinsamen Sekunden zu genießen und in diesem warmen Gefühl zu baden.

Das zerbrechliche Band zwischen den Männern wurde jäh unterbrochen, als der Händler das Geld für die Leckereien, Tees und Gewürze verlangte, zu denen sich Sebastian – allem Anschein nach während seines träumerischen Blackouts – hatte überreden lassen. Wahrscheinlich hatte er bei allem, was der Verkäufer vorschlug, nur zustimmend genickt und konnte sich jetzt natürlich nicht mehr daran erinnern. Als Sebastian die Tüte mit den gekauften Waren entgegengenommen und den Mann bezahlt hatte, suchte er den Laden nach dem jungen, attraktiven Mann ab.

Er war verschwunden.

In diesem Moment verfluchte Sebastian den Verkäufer, sich selbst und den geheimnisvollen Unbekannten. Warum hatte er sich ablenken lassen und den anderen nicht direkt angesprochen? Warum hat der andere nicht gewartet und ihn angesprochen und warum musste der Verkäufer ausgerechnet in diesem Moment nach dem Geld fragen?

Schicksal?

Sebastian lag, plötzlich wieder hellwach, auf dem harten Bett und dachte an diese Begegnung, den intensiven Blickkontakt und das Gefühl, das ihn durchfloss, als er von seinem Gegenüber angelächelt wurde. Spätestens als sein pochendes Glied gegen den dünnen Stoff der Pants drückte, wusste er, dass er sich nach diesem Mann verzehrte, wie sehr er ihn wollte. Er seufzte theatralisch, zuckte mit den Schultern und griff in seine Unterhose um sein halbhartes Glied vom Stoff zu befreien. Er rieb am samtigen Schaft auf und ab und massierte mit seinem rauen Daumen die sensible, pralle Eichel. Er genoss das Gefühl, das seinen Körper elektrisierte. Ein erstes, zögerliches Stöhnen entrang sich seiner Kehle. Sein Geschlecht pochte im Rhythmus seines Herzens und schwoll vor Verlangen immer weiter an. Während er sich berührte, dachte er an das süße Lächeln, das über die Lippen des Fremden huschte, an sein perfektes Gesicht. Er fand ihn unglaublich sexy. Wie gerne hätte er diese sanften, erotisch geschwungenen Lippen gekostet! Er dachte an den lasziven Biss auf diese Lippen und die funkelnden Augen, die ihn fixierten. Sebastian erhöhte den Druck auf seinen pulsierenden Penis und fuhr sich mit der freien Hand über die Brust bis zu seinen Brustwarzen. Dort war er sensibel und die zärtlichen Berührungen stimulierten ihn noch mehr. Er stöhnte zufrieden auf, als die Wärme durch seine Glieder schoss. Schwer atmend räkelte er sich auf den Laken des Bettes, wand seinen lustkontrollierten Körper. Aus seinem Schlitz sickerten erste, zögerliche Vorboten seiner ansteigenden Erregtheit. Er verteilte die glitschige Flüssigkeit mit seinem kreisenden Daumen auf der Eichel. Der Unbekannte war ein wenig kleiner als Sebastian, ein wenig korpulent und unheimlich süß und attraktiv. Dieses Lächeln, diese Statur, dieser Ausdruck – Sebastian umfasste sein Glied stärker und steigerte den Rhythmus, in dem er sich streichelte. Seine angestaute Lust presste sich mit wimmernden Lauten an die Oberfläche. Er schloss seine Augen und dachte daran, wie er den attraktiven Jungen ausziehen würde und was sie alles zusammen machen könnten. Er wollte ihn wiedersehen, ihn berühren und ihm nahe sein. Er wollte die zarte Haut des Mannes berühren, ihn überall küssen, seinen Körper mit seiner Zunge erkunden und ihm Laute purer Ekstase entlocken. Er stellte sich vor, wie der Mann ohne Kleidung aussah und wie sie sich in den Armen halten, streicheln und berühren würden. Er wollte diese weichen Lippen küssen und mit seiner Zunge den Mund des Unbekannten erkunden. Er wollte den anderen in sich spüren, sich für ihn verwundbar machen und öffnen. Er wollte die Wärme spüren, die sich zwischen den verbundenen, nassen Körpern bilden würde. Er wollte sehen, wie ihn der andere mit seiner Hand pumpte, während sich sein eigener Körper mit einem glänzenden Film salziger Flüssigkeit überzog. Er wollte hören, wie es der andere genoss, in ihm zu sein, wie er Sebastians Hintern liebte und sich später darin ergab. Er wollte die harten, unbarmherzigen Stöße in sich spüren, die schweißfeuchten Berührungen auf seiner Haut fühlen, den Geruch purer Lust aufsaugen. Der Gedanke daran, wie sich ihre beiden Körper vereinigten, war genug, um ihn über den Rand – in die vollkommene Glückseligkeit – zu stoßen. Seine Hoden zogen sich zusammen, das prickelnde Gefühl durchschoss Sebastians gesamten Körper und sein Glied zuckte und pumpte heftig. Sein Herz drohte auszusetzen, schlug wie verrückt. Er stöhnte laut auf und spritze die warme, weißliche Flüssigkeit über seinen Bauch und die Brust. Ein klebrig warmer Schwall traf ihn am Kinn. Unzählige Male pumpte sein explodierendes Geschlecht das fruchtbare Sekret aus der Öffnung und bescherte ihm einen langanhaltenden, intensiven Orgasmus. Schwer keuchend und schnaubend sah er sich die Sauerei an, die er auf seinem Oberkörper und dem Laken veranstaltet hatte.

„Jetzt muss ich nochmal duschen. Scheiße!", maulte er ungehalten. Die heftigen Nachwehen des intensiven Orgasmus kribbelten in seinen Hoden und sein Körper war entspannt und befriedigt. Seinen geschundenen Füßen und Beinen tat das erneute Wasserbad gut. Er liebte das Gefühl, das ihm warmes Wasser bescherte, wie entspannend es auf seine Muskeln wirkte. Die Reste des Samens wusch er mit Duschgel von seinem Körper, während seine

Gedanken erneut zu dem jungen Mann vom Basar zurückkehrten. Ach, wie gerne würde Sebastian ihn wiedersehen! Dazu würde es wohl nicht kommen. Wie groß war die Chance, dass man einen einzigen Menschen in einer so großen Stadt wie Istanbul zufällig wiedersah? Gleich Null. Wie zum Trotz zuckte sein Glied erneut und er spürte wie es erneut anschwoll. Es bettelte um eine zweite Runde, die Sebastian seinem Körper und Geist nicht verwehrte.

Pure Entspannung.

Goodbye Istanbul?

Sebastian erwachte früh morgens, als die ersten Sonnenstrahlen ins Zimmer drangen. Er gähnte, öffnete langsam die Augen und blickte in den kahlen Raum, den er vor sieben Tagen angemietet hatte und in dem er nie mehr Zeit als nötig verbracht hatte. Es roch streng nach altem Rauch, die Wände waren vergilbt und die Matratze glich einer Bakterienzuchtstation. Ein Nährboden für alle Arten an Keimen, die sich pudelwohl fühlten, sich rasend schnell vermehrten und ihre Wirte mit allerlei Entzückendem befielen. Für Sebastian tat's dieser Raum allemal. Er war gut mit Medikamenten versorgt und hatte keine Angst, sich mit etwas Schlimmem anzustecken. Sein Immunsystem arbeitete auf Hochtouren, vor allem, da er durch seine Patienten in der Apotheke regelmäßig mit allerlei Ekligem in Kontakt kam und selten krank war. Obwohl: Seit zwei Tagen verspürte er ein seltsames Jucken, wenn er morgens aufstand. Ob das etwas zu bedeuten hatte?

Er ging in das kleine Badezimmer, um sich die Zähne zu putzen und sich für die bevorstehende Reise vorzubereiten. Er hatte sich gleich am ersten Tag genügend Wasserflaschen für die tägliche Mundhygiene gekauft. Das Wasser in Istanbul sollte man besser nicht trinken. Er räumte sämtliche Utensilien zurück in seinen Toilettenbeutel und machte sich daran, den Rucksack zu packen. In vier Stunden ging sein Flug vom Atatürk-Flughafen und würde ihn nach München zurückbringen. Unachtsam verstaute er all seine Besitztümer in dem großzügigen Rucksack, den er von seiner Mutter bekommen hatte. Sie hatte ihm das gute Stück kurz vor seiner Abreise geschenkt und Sebastian war begeistert.

„Danke Mama", hatte er gesagt, als er seine Mutter fest umarmte. Obwohl seine Mum oft auf Reisen war und nie viel Zeit mit ihrem Sohn verbringen konnte, genossen die beiden ein enges, intimes Band der Vertrautheit. Sein Blick fiel auf die vielen, vakuumierten Säckchen mit Gewürzen und Tees, die man ihm am Basar aufgeschwatzt hatte.

„Wie soll ich das alles da hinein bekommen?", fragte er sich laut. Er kratzte sich am Kopf und kräuselte die Lippen, bevor er sich daran machte, die Tütchen zu verstauen. Kurze Zeit später verließ er den Raum, gab Ismail, dem Rezeptionisten, den Schlüssel zurück und ließ das Sultanahmet Youth Hostel hinter sich. Dieses Haus war das einzige, was er an dieser Stadt nicht vermissen würde!

Es war ein gutes Stück bis zum Flughafen und Sebastian entschied sich für den öffentlichen Nahverkehr. Er quetschte sich durch ein Drehkreuz, das den Passagierfluss regelte. Mit Gepäck und Kamera beladen, war es gar nicht einfach, durch die viel zu engen und verbogenen Metallarme zu kommen. Den Rucksack schnallte Sebastian kurzerhand auf den Rücken, die Kamera nahm er fest in die Hand und siehe da: Nach einigen peinlichen Versuchen war er erfolgreich und wartete mit vielen anderen auf die nächste Bahn. Die Straßenbahn war bereits gut gefüllt, als sich Sebastian mit den Wartenden in den modernen Wagen drängte. Die Menge pferchte sich weiter in die Mitte. Immer mehr Leute strömten in den beengten Fahrgastraum, bis niemand mehr Platz fand und sich die Türen piepsend schlossen. *Daa komt niemand mehrr rhein!* Sebastian imitierte in Gedanken den typisch türkischen Akzent.

Weit gefehlt!

Neben Sebastian hielt sich ein Mann mit seinen wulstigen Fingern am Haltegriff fest und verteilte einen penetranten Schweißgeruch auf seine Nachbarn. Gerade als er sich langsam an den abstoßenden Körpergeruch seines Nebenmannes gewöhnt hatte, öffneten sich die Türen erneut. Eine verschleierte Frau mit Zwillingsbuggy drängte sich in die Straßenbahn. Der sportliche, superleichte Wagen mit Sonnenverdeck war in einem dunklen Braun gehalten und wirkte monströs. Das „Teil" war mit Trinkflaschenhaltern ausgestattet und das abnehmbare Verdeck war trendy und rot. Sofort ging ein Raunen durch die Menge und urplötzlich gab es einen Ruck im Raum-Zeit-Kontinuum. Die Menge teilte sich und die junge Frau fand mir ihren kreischenden Kindern Platz in der vollbesetzten Bahn.

Wie ist das möglich? Sebastian grübelte erstaunt, bis ihm erneut der Gestank der benachbarten Schweißachsel in die Nasenflügel drang. Dieser abartige Mief legte sämtliche Gedankengänge lahm, so stechend und penetrant war er.

Die Fahrt dauerte unendlich lange und an jeder verdammten Haltestelle drängten weitere Personen in die berstend volle Straßenbahn. So etwas hatte Sebastian noch nie erlebt. Es war Sommer und die Hitze im schwach klimatisierten Gefährt stieg rapide an. Sämtliche Drüsen der Passagiere öffneten sich und verströmten ihre teils massiven Gerüche. Sebastian musste sich beherrschen und hoffte, dass diese Höllenfahrt bald ein Ende haben würde. Der fettleibige Typ neben ihm schien alles aus sich heraus zu schwitzen, was in ihm war und es wurde immer unerträglicher. Über seine Stirn kullerten Schweißperlen und sein Haar wirkte feucht und begann zu tropfen. Als der Mann an der nächsten Haltestelle an Sebastians Seite gedrückt wurde, dachte er, dass er erbrechen müsse. Das widerliche, salzige Nass der fettigen Haare klebte an seinem Arm und fremde Schweißperlen liefen über seine Haut.

Es schüttelte Sebastian vor Ekel.

Widerlicher Typ! Dusch das nächste Mal, bevor du in eine Bahn steigst! Der hat mich angeschwitzt. Iiiieh, wäääh! Eklig! Glücklicherweise war die Fahrt mit der Straßenbahn kurz darauf zu Ende und er konnte auf die Metrolinie M1 umsteigen. In der U-Bahn sah es, was die Auslastung anbelangte, nicht besser aus. Viele Leute drängten sich in die kleine, röhrenartige Konstruktion, die durch die düsteren Tunnel raste. Doch diese Fahrt war viel kürzer und angenehmer.

Aus den Lautsprechern ertönte eine mechanisch klingende Frauenstimme, die sagte: „Gelecek İstikamet: İstanbul Atatürk Havalimanı. Next Stop: Airport Istanbul Atatürk. Nächster Halt: Flughafen Istanbul-Atatürk."

Endlich. Sebastian war am Ziel.

Als er in der großen Abfertigungshalle stand, erinnerte er sich an den Beginn seines Urlaubs vor sieben Tagen. Alles war neu und aufregend. Bisher bereiste er noch nie ein anderes Land und er war unheimlich stolz auf sich, dass er hier zurechtgekommen war. Gesund und munter würde er in Kürze nach Hause fliegen. Ein besonderes Abenteuer, das zu Ende ging. Im Fastfood-Restaurant mit dem großen, goldenen „M" besorgte er sich einen Hamburger und eine Cola, um sich für den bevorstehenden fünfstündigen Flug zu stärken. Er kramte in seinem Rucksack nach dem Ticket und legte seinen Pass bereit. Jetzt ging es zurück in die Heimat. Sebastian freute sich, seine Familie wiederzusehen.

Die Schlange vor der Passkontrolle war lang. Es gab zehn Kontrollboxen, wobei in den wenigsten ein Polizist oder eine uniformierte Beamtin saß. Über sechs Kontrollstellen prangte ein großes, gelbes Schild auf dem „Türk Vatandaşları" stand. Klein darunter war „Turkish Citizens" notiert. Zwei Schalter waren geschlossen und an den verbleibenden zweien hing ein Schild auf welchem „Other Nationalities" stand. An diesen zwei Boxen standen so gut wie alle an, die aus der Türkei ausreisen wollten. *Verdammt noch mal!* Sebastian stellte sich zuhinterst an. Zum Glück hatte er genügend Zeit eingeplant. Er blickte in die Gesichter der wartenden Menschen, um ihre Reaktionen auf die lange Wartezeit zu deuten. Einige waren aggressiv und genervt. Andere wirkten ruhig und ausgelaugt, wieder andere fröhlich und erwartungsvoll. Es war spannend diese kunterbunten Reaktionen mitzuerleben. An den Kontrollstellen für die türkischen Staatsbürger stand tatsächlich niemand an. Als Sebastian an der Reihe war, meinte der Beamte knapp und genervt:

„Passport!"

Sebastian streckte ihm seinen nigelnagelneuen Pass hin und wartete, bis der Polizist zuerst den Pass und dann ihn beäugt hatte. Er zog die Seiten durch einen Scanner und starrte auf seinen Computerbildschirm, bis er das Okay bekam, Sebastian ausreisen zu lassen.

„Thank you", meinte er mürrisch, als er einen Stempel auf eine leere Seite in Sebastians Pass donnerte und ihm das Büchlein zurückgab. Der Ausreisende war froh, dass er jetzt nur noch die Sicherheitskontrolle überstehen musste, um wenig später in seine Maschine zu steigen und nach Hause abzuheben. Er ging weiter durch die unendlich scheinenden Gänge und Flure, bis er vor sich eine weitere Schlange sah, an der man sich für den Security Check anstellen musste.

„Langsam reicht's mir!", fluchte er vor sich hin. Fliegen war nicht nur Friede, Freude, Eierkuchen, sondern auch viel Stress und langes Warten.

***

„Fatma? Ich übernehme den Gepäck-Scanner für eine Weile. Du kannst in die Pause gehen", sagte Faruk Gül, Fatmas Vorgesetzter. Gül war groß und pummelig. Er hatte fettige, schwarze Haare und einen Vollbart.

„Ich gehe später", gab Fatma zurück.

„Und trotzdem übernehme ich die Maschine. Ich bin schon lange nicht mehr dran gesessen", sagte der Mann, bevor er sich an Fatma vorbeidrängelte und sich an das Gerät setzte.

Scheiße, dachte Fatma, als sie sah, wie der Kurier sein Hab und Gut für die Behälter vorbereitete und wartete, bis er an der Reihe war, um gescannt zu werden. „Sir, bitte! Ich hatte heute Morgen noch keinen Treffer und möchte dies dringend ändern!", probierte sie es erneut. Von einem „Treffer" sprachen die Flugsicherheitsbeamten, wenn sie einen verdächtigen Fund melden konnten.

„Bleib ruhig, Fatma. Es reißt dir niemand den Kopf ab, wenn du keinen Treffer hast. Alles ist gut", sagte ihr Chef als er sie verschmitzt anlächelte. Er starrte auf den Bildschirm, wo die nächsten Gepäckstücke gescannt und angezeigt wurden. Gül nickte und ließ das nächste Gepäckstück über das Laufband in den Scanner laufen.

***

Sebastian beobachtete gespannt, wie sich die Passagiere ihrer Gürtel, Schuhe und metallischen Gegenstände entledigten, diese in einen Behälter packten und das ganze Paket durch den Scanner schickten. Bei den meisten ertönte ein Warnsignal, als sie durch den Metalldetektor liefen, was einen grimmigen Sicherheitsbeamten oder eine Beamtin mit Handscanner auf den Plan rief. Man wurde unsanft von Hand gescannt, um danach erneut durch den Detektor geschleust zu werden. Viele Leute wirkten gestresst, nervös und gereizt. Es kam mehrfach zu verbalen Auseinandersetzungen mit dem Sicherheitspersonal. Sebastian amüsierte sich über das aufbrausende Verhalten der Passagiere. Viele hatten vergessen den Gürtel, einen Ring oder den Schlüsselbund abzulegen, was das Warnsignal auslöste. Das Personal war gereizt und unfreundlich. Wahrscheinlich würde es Sebastian ähnlich gehen, wenn er den ganzen Tag die Idiotie der Fluggäste ertragen müsste. Vor ihm brach eine angeregte Diskussion los. Ein Mann und eine Frau beschwerten sich lautstark auf Deutsch darüber, dass sie lange anstehen mussten. Die Beamten verstanden kein Wort und ließen die Reklamation unbeantwortet.

„Next", hatte der Flugsicherheitsbeamte gesagt, als er die Frau durch den Körperscanner schubste.

„Das ist eine bodenlose Frechheit, eine Obszönität! Harald, sag etwas!", verlangte die aufgetakelte Frau von ihrem Ehemann. Der aber blieb stumm. Ihre Stimme war hoch, schrill und übertrieben laut. Spätestens, als die Sirenen des Scanners ertönten, die Frau beiseite genommen und eine Kette an ihrem Hals entdeckt wurde, schämte sich Sebastian fremd. Zuerst keifen, dann unvorbereitet auffliegen?

Typisch.

Er erwartete keine größeren Probleme. Flüssigkeiten, wie Haar- und Duschgel, Deo und Zahnpasta hatte er in einen Plastikbeutel gepackt und seine Gewürz- und Tee-Beutelchen waren ebenfalls gut verpackt. Er war auf alles vorbereitet.

Ruhig legte er seinen Gürtel, sein Handy, seine Fotokamera, seine eingetüteten Flüssigkeiten und die vakuumierten Gewürze in den Behälter und packte seinen Rucksack in den nächsten, bevor er beide auf dem Fließband durch die Scanmaschine laufen ließ. Er trat durch den großen Apparat, der seinen Körper auf Metalle untersuchte. Es war kein Alarm zu hören, wie Sebastian erwartet hatte. Er sah zu, wie der erste Behälter durch die Lamellen des Scanners ins Freie rollte und wollte bereits danach greifen, als ein rotes Warnlicht über dem Gerät anging.

Verdammte Scheiße! Was ist das?, fragte sich Sebastian sichtlich geschockt. Der Beamte, der den Gepäckscanner bediente, schreckte auf und brüllte auf Türkisch zu seinen Kollegen, die sofort angerannt kamen. Das Warnlicht blinkte noch immer. Das Flugsicherheitspersonal schien auf dem Röntgenbild etwas Schlimmes entdeckt zu haben. Sie starrten gebannt auf den Monitor. Die Beamten nickten und einer der vier nahm ein Funkgerät in die Hand und bellte etwas auf Türkisch. Sebastian verstand natürlich kein Wort.

„What's wrong?", fragte er zögerlich auf Englisch.

„Stay where you are, Sir!", befahl die einzige Frau unter den Beamten. Sie wirkte nervös und aufgewühlt. Ihre dunklen Haare hatte sie zu einem Pferdeschwanz zusammengebunden. Unruhig blickte sie zwischen dem Bild, Sebastian und dem diensthabenden Beamten hin und her und schien zu überlegen, was zu tun war. Kurze Zeit später wurde hinter Sebastian eine Tür aufgerissen und ein finster dreinblickender Mann in Polizeiuniform kam herbeigestürmt. Ihm folgten vier junge Beamten. Alle richteten ihre Waffen auf Sebastian.

Scheiße!

✳✳✳

Verdammt, verdammt, verdammt! Fatma fluchte innerlich. Ausgerechnet in dem Moment, als der Kurier durch die Kontrolle ging, musste sie ihr Vorgesetzter ablösen. Ausgerechnet! „Dieses Paket ist verloren", flüsterte sie. Nun galt es, das zweite Paket des heutigen Tages sicher durch den Zoll zu bringen. Ob ihr das gelingen würde? Vorerst sah sie regungslos zu, wie der geschockte Kurier in

Gewahrsam genommen wurde. Irgendwie tat er ihr leid. Der arme Kerl sah so aus, als wüsste er nicht, warum er verhaftet wurde. *Pah, das sind gute Schauspieler, diese Kuriere*, dachte sie zynisch.

＊＊＊

Sebastian wurde rigoros in Handschellen gelegt und abgeführt. Seine verzweifelten Versuche zu erfahren was los war, blieben unbeantwortet. Die Beamten gingen ruppig mit ihm um und schleusten ihn durch diverse Flure und Räume in ein steril wirkendes Zimmer, in dem zwei Stühle und ein metallener Tisch standen. Er wurde grob auf den Stuhl gedrückt, bevor sie ihn allein im Raum zurückließen. Seine Gedanken kreisten um alles, was man in seinem Gepäck gefunden haben könnte. Er wusste nicht, was das Problem war. Er hatte nichts Verbotenes dabei. Er hatte Angst. Er wusste nicht, was mit ihm passieren würde. In einer Stunde würde sein Flieger abheben und er wollte nach Hause, zu seiner Familie, in seine Wohnung, zu seinen Freunden. Die türkischen Zöllner waren für ihre grobe Art bekannt. In der Türkei mit etwas Illegalem erwischt zu werden, war ein Supergau. Ausgerechnet bei Sebastians Gepäck piepste der Scanner.

Warum nur?

Warum?

＊＊＊

„Das war ein Megatreffer. Mein Glückstag, wie es aussieht", sagte Gül stolz zu Fatma. Obwohl sie dem Mann den Kopf hätte abreißen können, gab sie ihr Bestes, um ein ehrlich gemeintes Lächeln auf ihre Lippen zu zaubern. Sie klopfte dem Chef auf die Schulter und beglückwünschte ihn zu seinem Fund. „Sorry, Fatma. Dieser Treffer geht auf mein Konto. Da hatte ich einen guten Riecher, was?", witzelte er, als er ihr zuzwinkerte. Als Fatma innerlich ein wenig zur Ruhe gekommen war, diverse Passagiere mit dem Handscanner gecheckt hatte, blickte sie in die Schlange voller wartender Touristen.

Oh, nein. Nein. Nein!, Fatma hatte den zweiten Tageskurier in der Warteschleife erspäht. *Das passiert jetzt nicht wirklich, oder?*

fragte sie sich, als sie ihrem Chef zusah, wie dieser konzentriert die Bilder des Gepäckscanners musterte.

„Muhammad? Hier Fatma. Beide Kuriere sind aufgeflogen. Wiederhole: Kuriere sind aufgeflogen! Gül ahnt etwas. Müssen vorsichtig sein", flüsterte Fatma ins Telefon. Sie hatte sich in ihre Pause zurückgezogen. Es war mucksmäuschenstill am anderen Ende der Leitung.

Ein Klicken folgte.

Muhammad hatte aufgelegt. Langsam wurde Fatma nervös. Sie bekam es mit der Angst zu tun. Muhammad war ein brutaler und grausamer Zeitgenosse, mit dem sie sich nicht anlegen wollte. Sie nahm aus ihrem Spind das zweite Handy hervor und tippte hastig die folgende Nachricht: „Drogenkuriere aufgeflogen. Sitzen in U-Haft am Flughafen. Verlegung gefällig? Gruß Fatma."

***

Verlegung in die Haftanstalt

„Bitte sagen Sie mir, worum es hier geht!", wollte Sebastian vom Beamten wissen, der ihm gegenüber saß. Eine gute halbe Stunde musste er warten, bevor man sich seiner annahm. Die Handschellen schnitten in seine Handgelenke. Es tat weh und war erniedrigend. Der grimmige Beamte, der Sebastian gegenüber saß, sah nicht danach aus, als ob er den Gefangenen bald aus dieser Lage befreien wollte. Er trug ein hellgrünes Hemd sowie eine dunkelgrüne Beamtenuniform und seine diversen Dienstabzeichen verliehen ihm Autorität.

„Herr ...?", fing der Beamte an, als ob er Sebastians Namen nicht kannte, dabei lag der offene Reisepass vor ihm auf dem Tisch.

„Mein Name ist Pola. Sebastian Pola."

„Was machen du in Istanbul?"

„Urlaub. Ich habe mir die Stadt angesehen", antwortete Sebastian wahrheitsgemäß. „Es ist mein erster Urlaub. Ich habe mir die Stadt angesehen." Sebastian stotterte und der Kommissar verzog sein Gesicht. Er fragte:

„Was ist mit Drogen?"

„Nein!", entsetzte sich Sebastian. „Keine Drogen! Ich habe noch nie Drogen konsumiert!", stellte er unmissverständlich klar. Sein Gegenüber schien ihm nicht zu glauben.

„Dann du mir sagen, wie diese 150 Gramm Kokain in dein Rucksack gekommen?", donnerte die Stimme des Beamten durch den kleinen, sterilen Raum.

„Was? Kokain? Bitte, das gehört mir nicht!", verteidigte sich Sebastian. „Ich habe kein Kokain gekauft! Wirklich, Sie müssen mir glauben! Ich habe Urlaub gemacht! Nur Urlaub!"

„Hören auf zu lügen! Hier –" der Beamte schmetterte ein vakuumiertes Gewürzsäckchen auf den Tisch, schnitt den Beutel auf und zeigte Sebastian die weiße Substanz, die sich im Inneren, in einer separat eingeschweißten Tüte befand. „Was ist das? Erklären mir! In dein Rucksack! Kokain!"

Sebastian hatte dafür keine Erklärung.

Scheiße, verdammte Scheiße! In ihm rumorte es, die Angst wurde größer. Er hatte Panik. Drogen in der Türkei? Eine Katastrophe!

„Das wurde mir untergejubelt. Bitte, ich habe diese Gewürze auf dem Ägyptischen Basar gekauft. Vor vier Tagen", verteidigte er sich. „Ich war dort und habe Gewürze und Tees gekauft. Sonst nichts. Bitte, Sie müssen mir glauben!"

„Du wissen, was Strafe für Drogenbesitz in Türkei? Gefängnis. Du werden einsitzen! Letzte Chance: Woher haben Drogen?", wollte der Beamte mit eindringlicher Stimme wissen.

Sebastian begann zu weinen und schüttelte verzweifelt den Kopf. Zwischen Schluchzern sagte er: „Ich – ich weiß wirklich nichts über diese Drogen. Bitte, ich will nicht ins Gefängnis. Ich habe – habe nichts getan. Wirklich. Sie können mich nicht einsperren! Ich ha-habe nichts getan!"

Der Zollbeamte stand auf und verließ den Verhörraum. Die Stahltür fiel mit einem dumpfen Knall ins Schloss. Der Mann ließ Sebastian allein – ohne ein Wort zu sagen. Der düstere Gesichtsausdruck des Mannes war unmissverständlich: Er glaubte Sebastian nicht. Vor dem Gefangen auf dem Tisch lag das weißliche Pulver, das er noch nie zuvor gesehen hatte. Sebastian hingen ein paar Haarsträhnen in die Augen. Er versuchte es zu ignorieren, obwohl es ihn störte. Er hasste das weiße Pulver auf dem Tisch! Er hasste die Türkei! Er hasste diesen Raum! Das Kokain gehörte ihm nicht und niemand glaubte ihm.

Gefängnis? Bitte nicht!

„Was passiert mit mir?", fragte er sich laut, bevor er den Blick erneut durch den Verhörraum schweifen ließ. Lieblos, grell beleuchtet und karg. Auf der linken Seite war eine verspiegelte Fläche sichtbar. Hinter diesen Spiegeln saßen wahrscheinlich die anderen Cops und analysierten jedes gesagte Wort, das kannte Sebastian aus Filmen. Seine Stirn war kalt und doch perlten Schweißtropfen über seine Haut. Seine Nervosität wurde größer und er begann unregelmäßig zu atmen. Die Wartezeit und die Ungewissheit waren das Schlimmste. Eine weitere halbe Stunde verging und Sebastian rutschte unruhig auf dem Stuhl herum. Er hatte Angst davor, was kommen würde. Seine Hände wurden vom Druck der Handschellen langsam taub. Sicherlich könnte er später einen Anwalt sprechen oder einen Anruf tätigen. Seine Gedanken kreisten um das Gefängnis, um das, was mit ihm passieren würde. Er spielte in seinem Kopf den Besuch im Ägyptischen Basar durch und wo er diese Gewürze gekauft hatte. Da schoss ihm das Bild des jungen, gutaussehenden Mannes durch den Kopf, den er dort getroffen hatte und an den er vergangene Nacht gedacht hatte, als er sich befriedigte. An diesem Stand, in diesem Moment der Unachtsamkeit, da hatte man ihm die Drogen untergejubelt, da war sich Sebastian sicher. In diesem Moment, als die beiden Männer in ihrer eigenen, verträumten Welt, ihrem gemeinsamen Universum, versanken, hatte man ihm die Drogen zugesteckt.

Gerade als er den Gedanken zu Ende verfolgt hatte, wurde die Tür aufgerissen und zwei uniformierte Polizisten traten in den Raum. Sie packten ihn an den Armen und zerrten ihn hoch. Sie bellten Befehle auf Türkisch und bugsierten ihn nach draußen in den Flur. Verzweifelt versuchte Sebastian sich zu wehren, auf sich aufmerksam zu machen, zu erzählen, was er herausgefunden hatte. Man schenkte ihm keinerlei Aufmerksamkeit. Er wehrte sich, so gut er konnte, aber seine Hände waren auf seinem Rücken gefesselt. Er wurde über den Flur nach Draußen geschleift, brutal und gewaltsam in einen Van geschubst. Die Fenster des Fahrzeuges waren mit Gitterstäben gesichert. Die Bänke im Inneren waren aus Metall und mit einem dünnen, abgewetzten Polsterbezug überzogen. Das Fensterchen in den Fahrgastraum war ebenfalls mit Stahlstäben blockiert.

Sebastian war starr vor Angst.

„Was tun Sie mit mir?", fragte er ohne eine Antwort zu erhalten. „Bitte! Ich habe nichts getan. Ich bin unschuldig! Ich bin ein Tourist aus Deutschland. Ich weiß nicht, woher diese Drogen sind!" Die Tür wurde zugeschlagen. Die Männer stiegen ein und einer startete den Motor. Die Luft war stickig, es hing ein Geruch von Kerosin und Abgasen in der Luft wie üblich an einem Flughafen. Der Wagen fuhr los und donnerte über das Flughafenareal und später über die Straßen Istanbuls. Der Verkehr war dicht und der Lenker des Vans musste oft auf die Hupe drücken, brüsk bremsen und geschickt ausweichen. Es war ein Höllenritt. Sebastian versuchte sich so gut wie möglich festzuhalten. In halsbrecherischer Manier raste der Fahrer durch die Straßen der Metropole am Marmarameer. Der Verkehr wurde nach einer Weile spärlicher und Sebastian merkte, wie er sich weiter aus der Stadt entfernte. Als sie über die Bosporus-Brücke fuhren, wurde es dem Gefangenen noch mulmiger. In Kürze würden sie den asiatischen Teil der Stadt erreichen. Dort galten andere Gesetze und der Standard war lange nicht derselbe, wie auf der europäischen Seite des Meeres. Der Wagen fuhr mit hohem Tempo über die sechsspurige Autobahn. Sebastian konnte sich nicht beruhigen, die Tränen wollten nicht versiegen. Die Angst, die er verspürte, war allumfassend.

Was passiert mit mir?

Die Häuser wurden spärlicher. Wälder und Wiesen ersetzten Meer, Häuser und Menschen. Der Wagen bog mit quietschenden Reifen nach links ab. Die Räder des Vans ruckelten über kleine Kieselsteinchen, während sich der Wagen einem Gebäude näherte, das von hohen Mauern umgeben war. Auf diesen war Stacheldraht montiert und Wachtürme ragten an den Ecken empor. Ein überdimensionales Zugangstor aus Stahl wurde automatisch geöffnet und der Van fuhr in den Innenhof. Es war ein Gefängnis.

Ein Hochsicherheitsgefängnis.

Der Wagen kam abrupt zum Stehen, was Sebastian gegen die Gitterstäbe warf. Der Fahrer stieg aus und stapfte davon. Er lief zu

einem kleinen Gebäude, das auf dem Kiesplatz stand, wahrscheinlich das Sicherheitsbüro. Er diskutierte mit einem Mann und deutete auf den Wagen, in dem Sebastian saß und ängstlich wartete.
Der Sicherheitsbeamte nahm sein Funkgerät und sagte etwas.
Lange Zeit geschah nichts.

Es war absolut still.

Sebastian hörte nur sein wummerndes Herz und das Rauschen seines Blutes in den Ohren. Seine Hände waren feucht und
Schweißperlen glitten über seine erhitzte Stirn. Das Haupttor zum
Gefängnis öffnete sich und zwei Männer in Militäruniformen er-
schienen. Im Stechschritt liefen sie auf den Van zu. Die Türen wurden aufgerissen. Schwülwarme Luft strömte ins Innere. Es duftete
nach Wald, Baumharz und Moos. Ein Mann packte Sebastian am
Arm und riss ihn nach draußen. Sie steckten seinen Kopf in einen
dunklen Stoffsack. Sebastian taumelte und stolperte, während ihn
die Vollzugsbeamten an den Armen festhielten. Sie schleiften ihn
über den Platz. Dabei verlor er einen Schuh. Die Zehen seiner un-
geschützten Füße schabten über die kantigen Steine, was ihm erneut die Tränen in die Augen trieb. Der Schmerz, der seine Füße
durchzuckte, war zu viel – zu viel aufgestaute Angst und blankes
Entsetzen.

„Oh Gott! Oh, mein Gott! Was passiert hier mit mir? Was ist hier
los?“, wimmerte Sebastian. „Bitte lasst mich gehen. Ich habe
schon alles erzählt“, flehte er. „Lasst mich los! Bitte! Lasst mich
gehen! Ich habe nichts getan. Hilfe? Ich bin unschuldig. Hilfe! Lasst
mich –“ Dann spürte er, wie ihn etwas Hartes im Genick traf. Ihm
wurde schwarz vor Augen und er verlor das Bewusstsein.

Sebastian erwachte, als er auf eine harte Pritsche geschubst
wurde. Sein Kopf schlug gegen die Wand und er kam zu sich. Er
war noch immer in einem Angsttraum, seinem ganz persönlichen
Albtraum gefangen. Die dunkle Kapuze wurde ihm abgenommen.
Er musste sich zuerst wieder an das Licht gewöhnen, bevor er die
Tristesse einer Zelle erkannte. Dicke, rostige Stahlstäbe bildeten

die Tür. Das Mauerwerk war teils ausgebrochen, ansonsten schäbig, schimmlig und in einem bedrückenden Grün gehalten. Er lag auf dem unteren der beiden Betten, die übereinander an der Wand befestigt waren. Es gab kein Fenster in der kleinen Zelle. Kein Tageslicht. In einer Ecke waren eine Toilette sowie ein Waschbecken. Neben den Gitterstäben ragte ein metallener Tisch aus der Wand. Der Boden bestand aus Beton, kaltem, grauen Beton. In der Mitte des Raumes war ein kleines, vergittertes Abwasserloch eingelassen. Wahrscheinlich um die Zelle bei Bedarf auswaschen zu können. Auf dem Bett lag ein kleines, gelbliches Kissen. Daneben ein Kissenbezug aus tristem Grau. Als Decke diente eine dünne und muffige Wolldecke. Die Matratze war mit Plastik überzogen, es gab kein Leintuch. Die Wärter ließen ihn auf seiner Pritsche liegen, schepperten die Gittertür zu und verriegelten das Schloss. Sebastian schluchzte.

„Oh Gott, oh Gott! Was für ein Albtraum. Was soll ich hier? Verdammte Scheiße. Oh, nein. Nein! Ich habe nichts getan. Nichts. Verdammter Mist! Dürfen die das?", fragte er sich leise.

„Klar, dürfen die das!", drang eine angenehm klingende Stimme durch die Beengtheit der Zelle. Sebastian erschrak, zuckte zusammen und merkte erst, als der Fremde sprach, dass noch jemand in der Zelle war.

„Wer ist da?", wollte er mit zittriger Stimme wissen. Lange Beine in modernen Turnschuhen wurden über den Rand der oberen Matratze geschwungen, bevor sich ein großer Mann über die kleine, lottrige Leiter nach unten hievte. Wie in Zeitlupe wurde immer mehr vom Körper des Mannes sichtbar, als er die Stufen herabstieg. Zuerst die Turnschuhe, dann die nackten Unterschenkel, die mit feinen Härchen übersät waren, die farbenfrohen Shorts, ein T-Shirt und – konnte das sein? Sebastian atmete tief ein. Überrascht und gleichzeitig ein wenig schockiert. Er blinzelte zweimal um sicher zu sein, dass er nicht halluzinierte. Er schluckte geräuschvoll und blickte in wunderschöne, graublaue Augen, die er schon einmal gesehen hatte. Er räusperte sich und fragte: „Was tust du hier?"

Folterung

„Kennen wir uns?", wollte der junge Mann wissen, während er seinen Mitgefangenen eindringlich musterte. Sebastian realisierte in dieser Sekunde, dass dieser magische Moment vor vier Tagen am Basar, wo sie sich in die Augen schauten, nur für ihn speziell und einzigartig war. Sein Gegenüber konnte sich nicht mal mehr daran erinnern.

Er schluckte leer und meinte kleinlaut: „Nein, entschuldige! Ich dachte, dass ich dich am Basar gesehen hätte."

Sein Gegenüber musterte ihn weiter, bevor er sich an den Kopf griff und mit funkelnden Augen sagte: „Aber natürlich. Jetzt fällt's mir wieder ein. Entschuldige! Jetzt erinnere ich mich an dich. Bei all dem Stress hier –", er machte eine Rundumbewegung mit seiner Hand, „– ist mir das entfallen!"

Sebastian nickte verständnisvoll und stellte seine nächste Frage: „Was wird hier gespielt? Warum bist du hier?"

„Man hat mich bei der Ausreise am Flughafen aufgehalten, weil sie Kokain in meinem Koffer gefunden haben. Dabei habe ich keine Drogen geschmuggelt. Die sind völlig irre! Zuerst musste ich stundenlang warten, um dann hierher verlegt zu werden. Diese Typen haben keine Ahnung was Menschenrechte sind. Und du? Warum bist du hier?", wollte sein Gegenüber wissen. Seine Stimme klang dunkel, freundlich und männlich.

„Gleiches Szenario. Das Zeug haben die mir untergeschmuggelt, mich übers Ohr gehauen. Niemand glaubt mir! Wir sind gefangen im gleichen Horror. Keiner der Beamten hat mir zugehört! Keiner. Ich hatte solche Angst, als sie mir die Kapuze übergezogen und mich mitgeschleift haben", murmelte Sebastian bedrückt und ängstlich. „W-wie ist dein Name?", wollte er wissen.

„Fabian Krause."

Sie stellten sich vor und gaben sich die Hand. Als sich ihre Hände das erste Mal berührten, ging ein elektrisierendes Gefühl durch Sebastians Körper, das ihn die Angst und die Sorgen vergessen ließ. Schlagartig. Es war als durchfließe ihn eine Wärme, die direkt in seine Lenden schoss. Sein Penis zuckte und machte sich bemerkbar. Die graublauen Augen starrten ihm direkt in die Seele und auf Fabians Gesicht zeigte sich ein verschmitztes Lächeln, als ob er spürte, was Sebastian durch den Kopf ging und wie er auf ihn ansprach. Anscheinend reagierten ihre Körper ähnlich.

Er war schön. Seine Augen, das Grübchen am Kinn, die sanften Lippen.

Die beiden verängstigten Männer taten sich gegenseitig gut. Als sie sich in die Augen schauten, vergaßen sie ein wenig von der Angst und der Ungewissheit. Wie in Trance gingen sie aufeinander zu, an den Händen miteinander verbunden. Sie lächelten und ihre Gesichter kamen sich näher. Sebastian konnte Fabians Atem auf seiner Wange spüren: Frisch. Bald würden sich ihre Lippen berühren. *Er ist wunderschön*, dachte Sebastian, als er den Mann von Nahem betrachtete. Sein Gesicht war fülliger als Sebastians schmales Antlitz, seine Konturen gut definiert. Seine Lippen sahen sanft und weich aus und Sebastian sehnte sich danach, diese prallen Lippen zu küssen, ihn zu berühren, sich an seinen Körper zu pressen. Fabian schien es genauso zu gehen, auch er kam näher und lächelte die ganze Zeit, während er Sebastian tief in die Augen blickte. Doch die beiden Männer erwachten schlagartig aus ihrem Traumzustand, als die Zellentür lautstark aufgerissen wurde. Sie ließen ihre Hände los und traten instinktiv einen Schritt auseinander. Ein bulliger Mann mit dunklen, kurzen Haaren und dunklem Teint kam in den Raum, gefolgt von einem weiteren Mann in Uniform.

Der erste Mann trat direkt auf Sebastian zu, schubste ihn, sodass er einen Ausfallschritt nach hinten machen musste und setzte in nahezu perfektem Deutsch an: „So, jetzt unterhalten wir uns, du Arschgesicht!" Der Mann packte Sebastian am Arm und drückte ihn in den hinteren Teil der Zelle.

„Lassen Sie ihn in Ruhe! Haben Sie gehört? Er hat ihnen nichts getan", fauchte Fabian. Seine Stimme war panisch und empathisch.

Der Wächter drehte sich blitzschnell um und zischte zurück: „Sind wir jetzt schon beste Freunde?" Er musterte Fabians und Sebastians Gesicht. Irgendetwas muss er darin entdeckt haben, sein grimmiger Blick wanderte tiefer. Beide Männer waren hart und der Stoff ihrer Kleidung konnte das nur teilweise verbergen. Er nickte wissend und sagte: „Ah, verstehe. Ihr seid warme Brüder, Warmduscher, Bockspringer oder? Homos erkennen sich sofort, nicht wahr?"

Fabian wich erschrocken zurück und schüttelte verzweifelt den Kopf. Der Schaden war angerichtet. Der Wärter schien die zwei Männer sofort zu durchschauen.

Der Beamte drehte sich erneut zu Sebastian um, trat nahe an ihn heran und flüsterte ihm ins Ohr: „Ich erkläre dir jetzt, wie das ablaufen wird: Du wirst mir deinen Dealer nennen, mir sagen, woher du das Koks hast und ich werde dir nicht wehtun. Verstanden? Wenn du dich weigerst, du wertloses Stück Scheiße, werde ich dir Schmerzen zufügen. Schmerzen, die alles übersteigen, was du dir vorstellen kannst."

Sebastian nickte energisch und begann zu brabbeln: „Ich weiß nichts. Basar – geschaut – Marktstand – die Gewürze – keine Drogen – das – Betrug – untergejubelt – unschuldig – Bitte?"

Der Mann schien mit diesem Gestotter nicht annähernd zufrieden zu sein. Er packte Sebastian am T-Shirt und zog ihn in Richtung der Toilette, die in der Ecke stand. Er kickte ihm in die Kniekehlen und Sebastians lange, dünne Beine gaben nach. Der Zusammenprall mit dem steinharten Beton war schmerzhaft. Schmerzerfüllt verzog sich sein Gesicht.

„Wo hast du diese Scheißdrogen her?" Der Gefängniswärter presste Sebastians Kopf mit der flachen Hand gegen die keimverseuchte Toilette. „Woher hast du das Koks? Red' endlich, du Schwuchtel!", knurrte er.

Fabian hatte ungeheure Angst. Er wusste nicht, wie er Sebastian helfen konnte, wie er dessen Schicksal abwenden konnte. *Was soll ich nur tun?*, fragte er sich. Er versuchte den aggressiven Mann mit Worten zu überzeugen und redete konstant auf ihn ein. Doch der Gefängniswärter ließ nicht von Sebastian ab. Mittlerweile hatte er seinen Kopf beinahe in die Toilettenschüssel gedrückt. „Scheiße! Hören Sie auf! Das kann nicht Ihr Ernst sein! Lassen Sie ihn gehen!", versuchte er es erneut. Es war, als wäre Fabian gar nicht anwesend oder unsichtbar. Der Beamte ließ sich nicht beirren und drückte Sebastian tiefer in die verschmutzte Schüssel.

„Na, mal sehen, wie dir das gefällt du Schwanzlutscher", zischte er, als er Sebastians Kopf unter Wasser drückte.

„Nein! Hören Sie auf!", schrie Fabian. Es half nichts. Er musste mitansehen, wie Sebastian um sein Leben bangte, sich wand, zuckte und panische Angst hatte. „Sie bringen ihn um! Hören Sie endlich auf!" Fabian wurde vom zweiten Wärter festgehalten und konnte nichts dagegen unternehmen. Er wehrte sich und schlug um sich, aber sein Bewacher war stärker. Der Mann grinste ihm dumm ins Gesicht. Diese Sekunden, als das Wasser aus der Toilette spritzte und Sebastians Kopf unter Wasser war, waren die bisher längsten in Fabians Leben. Warum passierte ihnen das? Sie hatten niemandem etwas getan. Sebastians Körper wurde ruhiger, er zuckte und wand sich nicht mehr so stark wie am Anfang. Diese Szene gab Fabian neuen Auftrieb. Er musste Sebastian helfen. „Er stirbt. Wollen Sie, dass er stirbt? Lassen Sie ihn los! Sofort!", kreischte Fabians Stimme durch die kleine Zelle. Er war entsetzt, wie hoch seine eigene Stimme klang.

Er hatte solche Angst.

Sebastian würde sterben, wenn der Wärter ihn nicht losließe. Das wurde ihm schlagartig bewusst. Dieser Mann, den er vor ein paar Tagen am Basar getroffen hatte, der ihm gefiel, dieser Mann würde in Kürze sterben. Ein erschreckender Gedanke, der Fabian eine Gänsehaut über den Körper jagte. Doch sein wütendes Geschrei schien Wirkung zu zeigen. Der Gefängniswärter ließ von Sebastian ab und zog ihn nach oben.

Endlich!

Keuchend, hustend und würgend schnappte Sebastian nach Luft. Er lebte. *Gott sei Dank*, dachte Fabian, als er sah, wie er mit seinen wassergefüllten Lungen um Sauerstoff kämpfte. *Alles wird gut! Wir werden das gemeinsam schaffen!* Sebastian hatte ein knallrotes Gesicht, seine Augen waren verquollen und in seinem Gesicht zeigte sich blanke Panik. Die Odyssee war noch nicht zu Ende. Sebastian lag auf dem Rücken am Boden und versuchte seine Atmung zu beruhigen, was ihm nur langsam gelang.

„Na, redest du jetzt, oder soll ich weitermachen?", wollte der Wärter mit strengem Ton wissen.

„N-nein. Bitte, bitte nicht. Ich weiß nichts. Wirklich. Bitte!" flehte Sebastian den Mann an. Der Mann packte den armen Sebastian am Kragen und wuchtete ihn in eine stehende Position. Sebastian war wackelig auf den Beinen und konnte sich kaum aufrecht halten. Sein Kopf war feuerrot und seine Atmung schwer. Die langen, blonden Haare waren pitschnass und tropften auf seine Kleidung. Der Strafvollzugsbeamte schleppte ihn durch den Raum und stieß ihn auf einen Stuhl. Er zwang seinen linken Arm auf den Tisch und umfasste mit seiner Faust den kleinen Finger.

„Nein, bitte nicht!", flehte Fabian. Wie konnte man einem Unschuldigen so viel Leid zumuten? Sebastian schien in eine Art Schockzustand zu verfallen. Er wurde bleich und still. Fabian konnte einfach nicht fassen, was hier geschah und warum niemand eingriff, um ihn zu retten. „Lassen Sie ihn endlich in Ruhe! Er hat Ihnen alles erzählt. Wir wissen nichts", sagte Fabian, bevor der zweite Wärter ihm den Mund zuhielt. Die Hände des Typs stanken nach Zigarettenqualm.

„So, jetzt hörst du mir zu, du Schwuchtel! Du wirst mir erzählen, wer dein Dealer ist und woher du diese verdammten Scheißdrogen hast! Verstanden? Wenn du es mir nicht sagst, wirst du es bereuen, glaub's mir!", flüsterte der Mann direkt in Sebastians Ohr. Er zog Sebastians Finger nach hinten. Immer weiter.

„Lass ihn! Bitte, lass ihn!", wimmerte Fabian durch die Finger des Gehilfen, als er dem Spiel entsetzt zusah. Sebastian war klatschnass und zitterte. Er wippte auf dem Stuhl hin und her und starrte auf seinen Finger, der immer weiter nach hinten gebogen wurde.

„Nein! Bitte nicht! Ich habe Ihnen schon alles erzählt, was ich weiß. Bitte! Ich weiß nicht, wer mir diese Drogen untergejubelt hat", versuchte Sebastian es erneut, bevor er ruhig wurde. Er wurde still. Zu still. Sein Gesicht wurde bleich wie ein Laken, die Röte war zur Gänze verschwunden.

„Letzte Chance!", schrie ihm der Wärter ins Ohr.

„Ich weiß nicht, wer mir diese Dro–", setzte Sebastian an, bevor sein Finger mit einer zügigen Bewegung ruckartig nach hinten geknickt wurde. Ein leises Knacken, das Brechen seines Knochens, durchdrang den Raum, bevor Sebastians animalischer Schrei das knackende Geräusch übertönte und sich in einer schallenden Kakophonie ergab.

„Neeein!", schrie Fabian durch die Hand des Gehilfen. Dabei wand er sich, versuchte sich loszureißen. Kurzzeitig fürchtete er, sich zu übergeben. Dieses Geräusch, so leise es auch war, so haarsträubend, so markerschütternd schoss es durch seinen Körper und löste eine unbeschreibliche Übelkeit aus. Wie der Finger nach hinten gebogen wurde und auf Sebastians Hand aufschlug. *Scheiße!*, dachte Fabian, als er den schräg in die Luft stehenden Finger sah. Sebastian schrie wie am Spieß und wurde im nächsten Moment bewusstlos. Er fiel hinten über und prallte auf den harten Betonboden der Zelle. Der Wärter grinste selbstgefällig, stand auf und ging zur Zellentür.

„Zu dir komme ich später!", stellte er klar, als er mit seinem Finger auf Fabian zeigte. Eine unmissverständliche Drohung. Dann war er verschwunden und mit ihm der Gehilfe. Fabian roch den Geruch des Mannes auf seinem Mund. Eklig.

„Oh Gott, oh Gott! Scheiße!", fluchte Fabian, als er zu Sebastian stürzte. Er kniete sich neben den Bewusstlosen, nahm seinen

Kopf auf den Schoss und strich ihm über die Haare. Ängstlich wartete Fabian, bis Sebastian aufwachte. Er wirkte so hilflos und zart. Das erwärmte Fabians Herz. Normalerweise stand er auf große, muskulöse Kraftpakete, aber bei Sebastian wurde irgendwie ... naja, sein Beschützerinstinkt geweckt. Die zarten Glieder des Mannes und sein feminines Gesicht waren atemberaubend und aufregend.

Er wirkte unschuldig und rein.

Gerne wollte Fabian ihn berühren und ihm nahe sein. Das würde noch warten müssen. Ob der andere gleich fühlte? Diese Minuten, als er mit dem bewusstlosen Sebastian am Boden kauerte, waren die bisher schlimmsten, seit dieser Horror angefangen hatte. Nicht zu wissen, was weiter passieren würde und wie lange sie hier noch gefoltert würden. Fabian war sich sicher, dass das erst der Anfang war. Er wollte bei Sebastian sein, ihn halten und ihm Nähe und Zuversicht vermitteln.

Als Sebastian zu sich kam, durchdrang ihn ein unheimlich heftiger Schmerz, der von seiner linken Hand ausging. Das Adrenalin in seinem Kreislauf ließ ihn aus seiner Benommenheit aufschrecken. Er setze sich auf und blickte mit wilden und hektischen Pupillen um sich. An der Decke flackerte noch immer die Neonröhre. In diesem Moment wurde ihm bewusst was passiert war und er blickte auf seine Hand.

„Was soll das? Was ist mit meinem Finger?", fragte er geistesabwesend. Das gebrochene Glied ragte zur Seite, war ungesund gebogen und blau unterlaufen. An gewissen Stellen wurden dunkelviolette Stellen unter der Haut sichtbar. Sebastian konnte den Finger nicht bewegen und das Pochen wurde stärker. Benommen starrte er auf seine Hand, ohne sich zu bewegen oder etwas zu sagen.

„Sebastian? Hörst du mich? Sebastian?", ertönte eine sanfte Stimme. Erst jetzt wurde ihm bewusst, dass er neben Fabian saß.

Er hatte seine Arme um Sebastian gelegt, hielt ihn fest und drückte ihn an seinen warmen Oberkörper.

In diesem Moment erwachte Sebastian aus seiner Starre: „Oh, mein Gott! Oh, Gott! Er hat meinen Finger gebrochen. Einfach gebrochen! Warum? Warum passiert mir das?" Er schnappte nach Luft. „Ich – ich habe nichts getan. Nichts! Ich bin einfach nur in Urlaub gefahren und wollte wieder nach Hause. Nur nach Hause", wimmerte er. Er löste sich von Fabian und fing an hin und her zu wippen. „Warum passiert uns das? Warum?", murmelte er wie in Trance. Er war in einer Art Schockzustand gefangen. Fabian kniete sich neben ihn und nahm ihn erneut in den Arm. Dieses Mal ließ es Sebastian bewusst zu und drückte seinen Körper an Fabian.

„Sch... Ich hab dich! Beruhige dich. Sch... Alles wird gut", tröstete ihn Fabian. Die Wärme, die Sebastian spürte, war das, was er brauchte. Seine Schluchzer wurden leiser, er hörte auf zu zittern und sein angespannter Körper entspannte sich. Fabian nahm das dünne Handtuch vom Haken neben dem Waschbecken und begann Sebastians Gesicht von den Wasserrückständen und weiterem Schmutz zu befreien. Er fuhr mit dem Lappen über seine Haare, um auch diese zu trocknen. Sebastian genoss Fabians Zuneigung. „Du hast wunderschöne Haare, Sebastian. So fein und lang", flüsterte Fabian, während er ihn abtrocknete.

Er stand auf und führte Sebastian vorsichtig zu den Pritschen. Die beiden setzten sich nebeneinander auf die untere. Fabian hatte noch immer seinen Arm um Sebastian gelegt, während er seinen Finger inspizierte.

„Der ist gebrochen. Das habe ich schon oft gesehen. Der muss schnellstens gerichtet und geschient werden. Sonst wächst er schräg zusammen", fasste Fabian fachmännisch zusammen.

„Woher willst du das wissen?", kam es trotzig zurück.

„Ich arbeite als Assistenzarzt in der orthopädischen Abteilung. Wir sehen solche Dinge täglich." Er atmete einige Male tief durch und sprach weiter: „Sebastian", fing er an. „Ich muss ihn richten."

Sebastian sprang auf wie ein geölter Blitz und schaute entsetzt auf Fabian herunter. „Was? D-du willst mir den Finger richten? Weißt du wie das geht? Das tu-tut doch unheimlich weh! Spinnst du? Das kann warten!", stotterte er aufgebracht. Seiner Kehle entriss sich ein hysterisches Lachen, als er verzweifelt versuchte, seine Haare hinter die Ohren zu streichen. In der Hektik schrammte sein kleiner Finger an seinem Ohr vorbei, was ihm einen Schrei entlockte. „Du spinnst! Das alles hier – das ist eine Katastrophe! Und jetzt willst du mir den Finger richten? Auf keinen Fall!" Sebastian schüttelte vehement den Kopf und blickte stur in die andere Richtung.

Fabian stand ebenfalls auf, ging auf Sebastian zu, umfasste sein Kinn mit den Fingern und drehte sein Gesicht zu sich. „Sieh mich an!", befahl er mit weicher Stimme. Sebastians Mund war zu einer trotzigen Grimasse verzogen. Er schüttelte den Kopf. „Sebastian – sieh mich an! Bitte!", wiederholte Fabian leise. Langsam nickte dieser, biss sich kurz auf die Lippe und fixierte seinen Blick auf Fabian. In diesen wunderschönen Augen war eine unbeschreibliche Angst zu lesen, eine Aussichtlosigkeit und ein großer Schmerz. Fabian blickte tief in Sebastians Augen und sagte bestimmt aber voller Verständnis: „Wenn wir ihn nicht richten, beginnt er krumm zusammenzuwachsen. Lebenslange Schmerzen und Beeinträchtigungen wären die Folgen. Ich werde dich nicht belügen: Ja, es wird verdammt wehtun. Ja, du wirst mich verfluchen. Und: Ja, ich weiß wie das geht. Ich habe schon oft Brüche gerichtet. Es muss sein." Sebastian seufzte tief und setzte sich aufs Bett.

„Was wirst du tun?", fragte er leise. Diese trotzige Geste und das Verständnis, das sich in Sebastians Innerem aufbaute, brachten Fabian zum Schmunzeln. Die Situation war nicht lustig, aber Sebastians kindliche Reaktion durchaus. Er atmete tief durch, um genau zu erklären wie er vorhatte, den gebrochenen Finger zu richten.

„Ich werde deinen Finger mit meiner Faust umfassen und ihn ruckartig in die richtige Position zurückdrücken. Ich denke, dass es ähnlich schmerzen wird, wie vorher, als man ihn dir gebrochen hat. Leider haben wir keine andere Wahl. Ich weiß nicht, wie lange uns diese Geisteskranken festhalten. Ich bin deine beste Chance. Okay?". Sebastian sah ihn direkt an.

„Kann das nicht noch warten?", versuchte er es erneut. Fabian schüttelte den Kopf. „Dann tu es!", sagte Sebastian nach weiteren stillen Sekunden, bevor er seine Augen schloss und den Kopf auf die Seite drehte.

„Erzähl mir von deinem Job. Wo arbeitest du?", fragte Fabian unschuldig.

„Was interessiert dich das?", gab Sebastian gehässig zurück.

„Ich will dich kennenlernen. Darf ich das?"

„Ja, ähm – ich – ich denke, da spricht nichts dagegen. Ich arbeite in einer kleinen Apotheke in der Münchner Innenstadt. Ich bin Pharma-Assistent. Mein Job macht mir sehr viel Spaß, ich arbeite gerne mit Menschen und mein Beruf ist abwechslungsrei–" Ein Knacken war im Raum zu hören. Das Geradebiegen von Fingerknochen. Sebastian schrie. „Aaaah! Verdammte Scheiße! Aua! Scheiße! Tut das weh! Au, aua", fluchte Sebastian, als er bemerkte, dass Fabian schon fertig war. Die Ablenkungstaktik hatte funktioniert und Sebastian wirkte überrascht.

„Sch... Jetzt ist alles gut. Es sieht so aus, als ob es gut verheilen wird. Aber mit Sicherheit können wir das erst bestimmen, wenn ein Röntgenbild gemacht wurde. Da wir kein Verbandsmaterial haben, musst du ihn ruhig halten und darfst ihn nicht bewegen. Okay?", riet ihm der angehende Arzt. Sebastian nickte und wischte sich eine Träne aus den Augenwinkeln und versuchte zu lächeln. Besonders erfolgreich war er nicht. Die Spannung zwischen den beiden Gefangenen wurde greifbarer und intensivierte sich, als die beiden ihre Gesichter näher zueinander bewegten. Fabian lächelte und fasste mit seiner Hand Sebastians Kinn, um ihn zu sich zu ziehen.

„Ich habe sicherlich Scheiße am Gesicht kleben. Ich würde nicht –"

„Das ist mir egal", wisperte Fabian heiser. Daraufhin schloss Sebastian seine Augen und ließ es zu. Der kurze Moment, als sich ihre Lippen berührten war für beide perfekt. In diesen Sekunden vergaßen sie, wo sie waren und in welcher Gefahr sie sich befanden. Es war einzigartig, unschuldig, zart, gefühlvoll, warm. Diese weichen, warmen Lippen auf seinen zu spüren, war alles, was sich Sebastian wünschte. Es war so, wie er es sich vorgestellt hatte. Die Wärme, die von Fabians Gesicht ausging, sein Geruch und die Art, wie er ihn am Kinn festhielt.

Sie lösten sich einige Sekunden später von dieser sanften Verbindung und Sebastian flüsterte: „Deine Lippen sind so weich." Das entlockte Fabian ein heiseres Stöhnen. Die beiden saßen noch eine Weile so da und hielten sich fest im Arm. Diese Nähe tat beiden gut. Es war nicht mehr, aber auch nicht weniger. Zwei Menschen, die sich in einer dramatischen Situation Nähe und Geborgenheit schenkten.

„Es tut mir leid, was er mit dir gemacht hat. Du bist unglaublich tapfer, Sebastian", sagte Fabian leise. „Ich habe versucht ihn aufzuhalten. Er hörte nicht auf mich. Ich habe gefleht und gebettelt. Ohne Erfolg. Und als er dir dann den Finger weiter nach hinten bog, musste ich wegsehen. Ich höre noch jetzt dieses Geräusch – das Geräusch von brechenden Knochen! Es war grauenhaft."

„Ich höre es auch noch. Es wird mich wahrscheinlich lange verfolgen. Aber weißt du, was das Schlimmste ist?", wollte Sebastian wissen. Ein kurzes Kopfschütteln von Fabian. „Dass ich nicht weiß, wie es weitergeht. Die Angst vor dem, was noch kommen wird. Was dieser abartige Mensch mit uns machen wird. Davor fürchte ich mich am Meisten. "

„Ich weiß, wie es dir geht. Ich fühle dasselbe. Zum Glück müssen wir das nicht alleine durchstehen – wir haben uns."

„Red' keinen Stuss! Du hast mich nicht einmal erkannt!", gab Sebastian zurück. Die beiden Männer sahen sich in die Augen und begannen zu lachen. Ein gequältes, zurückhaltendes Lachen. Aber immerhin ein kleines Fünkchen Freude in der tristen Einöde, dieser Horror-Zelle. „Ich bin müde. Ich werde versuchen zu schlafen", meinte Sebastian daraufhin. Fabian nickte und kletterte über die Leiter auf das obere Bett. Da sie kein Fenster hatten, wusste keiner von beiden ob draußen Tag oder Nacht war. Aber sie waren erschöpft. Die Kleider behielten beide an, denn keiner von ihnen wollte die Keime der dünnen und ausgetragenen Wolldecke auf die nackte Haut lassen. *Hoffentlich endet dieser Albtraum bald*, dachte Sebastian bevor er seine Augen schloss und in einen tiefen Schlaf fiel.

***

„Hüs? Hier ist Muhammad. Fatma hat den Auftrag vergeigt. Zwei Kuriere futsch. Triff sie und besprich was schief gelaufen ist! Verstanden?", ordnete Muhammad an, als sein Gesprächspartner den Anruf angenommen hatte.

„Verstanden. Kein Problem. Was soll ich mit ihr machen?", fragte ihn sein Gegenüber.

„Vorerst nichts. Ich will hören, was sie zu sagen hat!" Damit beendete Muhammad das Gespräch. „Idioten. Verdammte Idioten. Warum muss ich mich mit einem solchen Pack herumschlagen?", murmelte Muhammad, während er mit seinen Händen seine Schläfen massierte. Er blickte in die Weiten seiner Villa und auf das angrenzende Meer und wusste wieder, warum er sich mit solchen Vollpfosten abgeben musste. Sie erledigten die Drecksarbeit damit Muhammad sich seine eigenen Hände nicht schmutzig machen musste.

***

Erniedrigung

„Aufwachen, ihr Drogen-Tunten!", hörte Sebastian eine kräftige Männerstimme. Er schreckte hoch und setzte sich auf. Dabei schlug er sich den Kopf an der oberen Etage des Bettes an. Er hatte total vergessen, dass er noch in dieser vermaledeiten Gefängniszelle saß und über ihm ein weiteres Bett den Platz zum Aufstehen massiv einschränkte.

„Aua!", sagte er, als er die Aufprallstelle mit seiner gesunden Hand streichelte.

„Wollt ihr mir jetzt erzählen, woher ihr diese Drogen habt oder müssen wir die gestrige Tortur wiederholen? Du hast noch neun Finger übrig", witzelte der Gefängniswerter, als er auf Sebastians pochenden, kleinen Finger deutete. Dieser präsentierte sich in einer mannigfaltigen Farbenpracht: von Violett, Rot, über Gelb, Grün und Schwarz.

„Ich will telefonieren! Und zwar sofort. Was sie hier mit uns machen, verletzt sämtliche europäischen Menschenrechte", forderte Sebastian in einem strengen Ton.

„Wir sind hier nicht in Europa, Süßer!", sagte der Strafvollzugsbeamte mit einem Zwinkern. „Wir sind hier in der Türkei, in Asien, hier gelten andere Gesetze, unsere Gesetze", stellte er klar. „Wen will das schwule Babylein anrufen? Die Mama?", fragte er spöttisch.

„Ja, meine Mutter. Wen sonst?", gab Sebastian mit fester Stimme zurück. Fabian schaute ihn skeptisch und ungläubig an, während er langsam die Stufen der Leiter hinab stieg.

„Na, dann wählen wir doch mal die Nummer deiner Mami", sagte der Wärter, als er Sebastians Handy vor dessen Nase herumwedelte. Er erinnerte sich nicht, dass man ihm das Smartphone abgenommen hatte. Das musste wohl passiert sein, während er hier eingeliefert wurde und bewusstlos war. „Du könntest einen Anwalt oder das Konsulat anrufen, aber du wählst deine Mami? Du bist ein richtiges Weichei! Sind alle Schwuchteln solche Mimosen ohne Rückgrat?", provozierte der Beamte, während er ein paar Mal auf dem Display herumdrückte. Er hielt sich das Telefon an das rechte Ohr und lauschte dem Wählton. „Nein, hier ist nicht Sebi-Schätzchen. Hier ist Erkan Yildiz, Gefängniswärter der Istanbuler Haftanstalt Orman Kurumu. Ihr Sohn sitzt bei uns ein, weil er Drogen nach Deutschland schmuggeln wollte. Er weigert sich uns zu sagen, woher dieses Koks stammt und so lange bleibt er bei uns im Gefängnis", sagte der Mann ins Telefon. Er wurde ruhig und hörte aufmerksam zu. Plötzlich wich alle Farbe aus seinem Gesicht. „Verstanden. Beeilen Sie sich besser, bevor ihrem Sebi-Schätzchen etwas Schlimmes passiert!", spöttelte der Mann ins Telefon bevor er ausholte und es an die Wand schleuderte. Lautstark zerbrach das teure Smartphone in seine Einzelteile und zersplitterte.

„Hey! Spinnen Sie? Wissen Sie was ein solches Telefon kostet?", wollte Sebastian wissen. *Da ging es hin, sein teuer erspartes Telefon. Verdammt!*

„Du hast mich reingelegt, du Schwuchtel!", donnerte die Stimme des Gefängniswärters durch die Zelle. „Deine Mutter ist eine Star-Anwältin der Vereinten Nationen. Verdammt noch mal!" Jetzt war nicht nur der Beamte, sondern auch Fabian baff. Sebastian grinste selbstgefällig und strahlte über beide Backen.

„Lassen Sie uns jetzt gehen? Oder was wollen Sie tun?", züngelte er übermütig und fast ein wenig überheblich.

Der Beamte marschierte in der engen Zelle auf und ab und schien über etwas nachzugrübeln. Immer wieder blickte er auf die jungen Männer und überlegte sich wohl seine nächsten Schritte.

Ein Raubtier sollte man nicht in die Enge drängen!

Plötzlich, wie von Bienen gestochen, drehte er sich um und ging auf Fabian zu. Es war, als ob der Mann das letzte bisschen Verstand verlor. Die Angst vor den Vereinten Nationen und das erklärte Ziel, herauszufinden, woher diese Drogen stammten, waren zu viel. Er schlug Fabian die Faust in den Magen, worauf dieser zu

Boden ging. Er trat mit seinen Stiefeln auf den wehrlosen, am Boden liegenden Gefangenen ein. Er war fast in einer Art Blutrausch.

„Nein! Stopp! Aufhören!", brüllte Sebastian, als er den Wärter daran hindern wollte, Fabian zu verprügeln.

Während der harten Tritte gegen Fabians Bauch und Kopf, fragte der Beamte: „Wo?" Tritt. „Hast?" Tritt. „Du?" Tritt. „Diese?" Tritt. „Drogen?" Tritt. „Her?" Von Fabian war nur noch ein Wimmern zu hören und Sebastian sah nur noch einen Ausweg: Er warf sich auf den Mann, klammerte sich an seinen Rücken und hinderte ihn so daran, weiter auf den bewusstlos Geprügelten einzudreschen.

„Wir waren beide am Basar. In einer Marktbude und wurden mit Gewürzen über den Tisch gezogen. Mehr wissen wir nicht! Verdammt noch mal! Aufhören!", brüllte er dem Wärter ins Ohr.

„Welcher Marktstand?", wollte der Mann wissen, der sich heftig wehrte.

„Das weiß ich nicht auswendig. Wissen Sie wie viele Marktbuden es da gibt? Wir – wir führen Sie hin!" Der Beamte wütete noch immer und versuchte während der ganzen Unterhaltung Sebastian abzuwerfen.

„Das ist doch Schwachsinn!", brüllte der Wärter. Von der Wucht seiner Bewegungen fiel Sebastian nach hinten und prallte gegen die Gittertür. Der Aufprall war so heftig, dass es ihm den Atem verschlug. Aus seinen Lungen entwich sämtlicher Sauerstoff und er konnte nur noch keuchen. Sein Zwerchfell krampfte sich zusammen. Kurz flackerte das gestrige Erlebnis in seinem Gedächtnis auf. Wie er unter Wasser gedrückt wurde. Angst überzog seinen Körper, wie eine zweite Haut. Der Gefängniswärter ließ von Fabian ab und drehte sich zu Sebastian um. Er holte aus uns donnerte dem nach Luft ringenden Gefangenen die Faust ins Gesicht. Sebastian ging keuchend zu Boden und blieb dort liegen. Der Beamte verließ die Zelle und wuchtete die Gittertür zu, bevor er wütend davonstapfte.

Wimmernd lag Sebastian am Boden. Sein Gesicht und seine Wangenknochen dröhnten von dem Schlag. Sein Rücken schmerzte vom Aufprall und sein gebrochener Finger pochte im Rhythmus seiner Angst. Er tastete mit seiner gesunden Hand sein Gesicht ab und versucht herauszufinden, ob etwas gebrochen war. Er schien nochmals Glück gehabt zu haben. Seine eigenen Verletzungen waren nicht schlimm. Er dachte nur an Fabian und hoffte, dass es ihm gut ging. „Fabian? Geht's dir gut? Fabian? Sag doch etwas!"

Keine Reaktion.

Sebastian wurde panisch, richtete sich auf und kroch zu seinem verletzten Mitgefangenen. Als er bei ihm ankam, sah er, dass er noch atmete. Sein Brustkorb hob und senkte sich. Als er ihn erreicht hatte, fragte er erneut: „Fabian, sag doch etwas! Fabian?" Er rüttelte vorsichtig an der Schulter des Bewusstlosen. Ein leises Stöhnen war zu hören. „Kannst du dich aufrichten? Komm, du musst aufstehen!", sagte er. Sebastian strich ihm eine Strähne aus dem Gesicht und half ihm, sich aufs untere Bett zu legen. Fabian stöhnte.

Er sah grässlich aus.

Seine Unterlippe war aufgeplatzt, Blut rann über sein Kinn. Sein rechtes Auge war bereits zugeschwollen. Flüssigkeit lief heraus. Die Haut rund um seine Wangen war rot unterlaufen und geschwollen. Sebastian setzte sich neben ihn auf die Matratze und sah ihn eindringlich an. „Alles wird gut. Schlaf ein wenig. Meine Mutter holt uns hier raus! Versprochen!" Als er aufstehen wollte, hielt ihn Fabian am Handgelenk fest.

„Bleib bei mir!", wimmerte er leise. Es versetzte Sebastian einen Stich tief ins Herz, als er ihn so verletzt und ängstlich sehen musste. Fabian robbte sich ein Stückchen weiter zur Wand und Sebastian legte sich neben ihn auf die harte Unterlage. Er legte seinen Arm um den Verletzten und zog ihn nahe an sich heran. Löffelchenstellung. Die beiden hielten sich in den Armen und Fabian schmiegte sich an Sebastians Brust. Langsam beruhigte sich ihr Puls und wenig später schliefen sie ein.

Sie wussten nicht, wie lange sie nebeneinander, ineinander verschlungen, geschlafen hatten, als sie langsam aufwachten. Es tat gut, jemanden bei sich zu haben, der einem Halt und Wärme gab. Von Zeit zu Zeit strich Sebastian vorsichtig über Fabians Kopf. Dieser hatte seine Hand unter Sebastians T-Shirt geschoben und streichelte dessen Bauch. Die Stellung hatten sie unzählige Male verändert, da Fabian jede Lage nach einer Weile wehtat. Im Moment lag Sebastian auf dem Rücken und Fabian auf seiner Brust.

„Ist das nicht süß?", hörten sie eine bekannte Stimme sagen. Yildiz. Sie wichen voneinander. „Eine verdammte Schwuchtel-Zelle, oder was? Hoffentlich erfährt niemand, dass wir hier eine Tunten-Zelle haben, sonst lässt sich kein Verbrecher mehr hierher verlegen!", spöttelte der Wärter. „Also meine Süßen: Polas Mutter hat via Justizministerium die Freilassung erwirkt. In zwei Stunden wird man euch abholen. Aber bis es soweit ist, werden wir uns noch ein wenig vergnügen", meinte er lachend. „Du", sagte er, als er mit seinem stählernen Finger auf Sebastian zeigte. „Deine Haare sind so schön lang, dass wir mit dir anfangen werden. Komm hierher!", befahl er. Der andere Wärter reichte ihm ein Rasiergerät durch die Gitterstäbe. Sebastians Augen wurden groß als er den Apparat sah.

„Nein! Das können Sie nicht tun. Bitte!", flehte er verzweifelt, bevor ihn der Gefängniswärter am Haarschopf packte und Richtung Boden zog.

„Halt still, sonst tu ich dir noch weh!", knurrte er, als er die altertümlich wirkende Maschine einschaltete. Das mechanische Geräusch von aneinander klappernden Klingen und einem ungeölten Elektromotor wurden hörbar. Der Wärter drängte Sebastian immer weiter Richtung Boden. Noch immer hielt er ihn an seinen Haaren fest. Sebastian versuchte sich zu befreien. Daraufhin bekam er einen Faustschlag in den Magen, worauf er zu Boden sank und hustete.

„Hören Sie auf! Bitte! Wir wissen nichts. Hören Sie auf ihn zu quälen! Hören Sie auf uns zu foltern!", hörte man Fabian rufen. Verzweiflung lag in seiner Stimme. Er klang schwach.

Sebastian kniete vor dem Wärter, die Tränen liefen ihm übers Gesicht und sein Körper zitterte. Mit diesen roten, verquollenen Augen sah er seinen Peiniger an und flehte noch ein letztes Mal mit bebender Stimme: „Bitte, hören Sie auf! Ich habe Ihnen alles gesagt. Bitte! Nicht meine Haare. Nicht meine Haare." Er legte alle Kraft in seinen Blick, versuchte den Wärter umzustimmen. Dieser ließ sich aber nicht von seinem Vorhaben abbringen und führte den surrenden Rasierer an Sebastians Stirn, um dann langsam über die Mitte seiner Haarpracht zu gleiten. Sebastian wimmerte und schluchzte, als er beobachtete, wie seine Haarsträhnen zu Boden fielen. Wie in Zeitlupe lief das ab. Haarsträhne um Haarsträhne kringelte sich am Boden. Für Sebastian war es, als ob etwas in seinem Inneren starb. Er liebte seine Haare und jetzt zusehen zu müssen, wie man sie ihm nahm, das brach ihn innerlich. Er blickte in Fabians aufgerissene Augen, verlor sich in den Weiten dieser funkelnden Diamanten. Er saß auf dem Bett und wurde festgehalten. Als auch das allerletzte Härchen auf dem Boden auftraf, wurde die surrende Maschinerie abgestellt.

„So. Jetzt siehst du wenigstens wie ein richtiger Mann aus!", spottete der Gefängniswärter, als er mit der Hand über sein glattes Werk fuhr. „Das gefällt deinem neuen Freund sicher", flüsterte der Wärter, als er sich zu Sebastian hinunterbeugte. Seine Stimme triefte vor Arroganz und Überlegenheit. Als sich der Beamte aufrichtete, verkündete künstlich genervt: „Jetzt sieh dir an, was du für eine Schweinerei veranstaltet hast! Das müssen wir bereinigen." Er verließ die Zelle und kam mit einem dicken Gartenschlauch zurück. „Zieh dich aus!", verlange Gefängniswärter Yildiz mit harter Stimme. Sebastian blickte ihn verdutzt an. Das konnte nicht sein Ernst sein, oder?

Der Beamte machte eine entsprechende Geste mit seiner Hand und sagte: „Los, bevor ich dir den zweiten Finger breche!" Zuerst zögerlich, dann immer schneller zog sich Sebastian sein kaputtes T-Shirt, seine dünnen Jeans und die Socken aus. Er sah den Wärter nervös an und deutete auf seine Unterhose. „Die auch! Los! Sonst machen wir mit deinem linken Ringfinger weiter." Sebastian blickte sich unsicher um. Sein Blick traf erneut Fabians graublaue

Augen. Darin war so viel Verständnis und Mitgefühl zu lesen. Sebastian spürte, dass Fabian mit ihm litt und wollte, dass es aufhörte. Sebastian schloss die Augen, bevor er in den Bund seiner Boxershorts fasste und die Hose langsam nach unten zog. Als er sie ausgezogen hatte, stand er nackt und zitternd vor dem Gefängniswärter, der ihn mit einem hämischen Grinsen musterte. Sebastian verdeckte sein Geschlecht mit seiner Hand, was Yildiz ein Schmunzeln entlockte. Zuerst seine Haare, jetzt diese Schmach! Sebastian fühlte sich zu tiefst erniedrigt und beschämt. In diesem Moment sah er noch dünner aus als normalerweise. Seine Gestalt wirkte ausgemergelt. Die abgrundtiefe Angst und das erlebte Grauen in dieser Zelle hatten ihm schwer zugesetzt.

Dann stellte der Wärter den Wasserstrahl an.

Das eiskalte Nass spritzte in einem konzentrierten Strahl auf die nackte Haut Sebastians. Er schrie auf. Der Wasserstrahl brannte auf seiner Haut wie Säure. Eine brennende, kalte Flüssigkeit, die seine Glieder augenblicklich auf ein absolutes Minimum abkühlte. Sebastian zitterte wie Espenlaub. Er drehte sich instinktiv weg vom schmerzenden Strahl um sich zu schützen, doch der Gefängniswärter hörte mit seiner Tortur nicht auf. Er bestrafte Sebastian weiter und lachte hämisch und voller Verachtung.

„Das wird dich lehren, du Schwuchtel, hier in der Türkei seid ihr nichts wert. Hast du verstanden? Du bist nichts wert, du Schwanzlutscher! Dein Leben hat keine Bedeutung. Du hast keine Bedeutung", brüllte er. Sebastian sah mit tränenüberströmtem Gesicht auf den Boden. Da war das kleine, vergitterte Abflussloch, das er bei seiner Ankunft das erste Mal bemerkt hatte. Jetzt wusste Sebastian, wofür es war. Darin verschwanden nun seine abrasierten Haarsträhnen. Eine nach der anderen. Der Wärter spritzte ihm das Wasser auf den Hinterkopf, seinen Hintern und den Rücken. Es war einfach fürchterlich. Die Kälte, der Schmerz des harten Strahls und die Hilflosigkeit.

„Bitte hören Sie auf!", wimmerte er. Fabian protestierte lautstark und tobte auf dem Bett, um sich vom Gehilfen zu befreien.

„Aufhören!" Die autoritäre Stimme einer Frau drang durch die kleine Zelle. Sebastian kannte diese Stimme.

„Mama?", flüsterte er leise, bevor er auf dem nassen Beton ausrutschte, hintenüber auf den Kopf fiel und bewusstlos wurde.

„Sie öffnen jetzt sofort diese Zellentür und lassen mich hinein!", verlangte die Frau. „Haben Sie nicht verstanden?", schob sie nach, als nach ein paar Sekunden keine Reaktion kam.

„Und wer zum Teufel sind Sie, dass Sie hier reinplatzen und mir Befehle erteilen?", gab Yildiz in abschätzigem Tonfall zurück.

„Mein Name ist Gloria Pola. Ich bin Sebastians Mutter und arbeite für die Vereinten Nationen. Sie haben einen Freilassungsauftrag erhalten und doch quälen Sie diesen Jungen weiter? Das wird Konsequenzen haben!", zischte sie.

„Was fällt Ihnen ein? Verpissen Sie sich!", antwortete Yildiz. Das Wasser hatte er mittlerweile abgestellt und doch schien er mit seinem Folterrepertoire noch nicht am Ende zu sein.

Plötzlich kam ein großer Mann um die Ecke und sprach mit Yildiz auf Türkisch: „Erkan! Hör auf den Gefangenen zu quälen. Wir lassen die beiden gehen. Verstanden? Die haben nichts mit diesem Drogenring zu tun. Die Schlampe von den Vereinten Nationen bürgt für beide Gefangenen! Du öffnest jetzt diese Zellentür und lässt die Frau ihren Sohn und die andere Schwuchtel mitnehmen. Verstanden?"

Fabian war gespannt, was jetzt passieren würde. Er verstand kein einziges Wort und doch sah dieser Mann gereizt und wütend aus. Wahrscheinlich der Vorgesetzte. Yildiz starrte ihm eine Weile direkt in die Augen, während er vor Wut die Kiefer knirschend aufeinander presste. In diesem Moment hätte Yildiz Kieselsteine mit seinen Beißerchen zermahlen können.

„Wenn du es so willst", sagte Yildiz nach einer Weile auf Deutsch und warf den Gartenschlauch auf den Boden und ging zur Zellentür, um sie zu öffnen. Er verhielt sich fast wie ein trotziges Kind. Uneinsichtig und in seiner Ehre verletzt. Sebastians Mutter drängte sich an Yildiz vorbei in die Zelle, kniete sich zu ihrem Sohn auf den nassen Boden und strich ihm über den kahlen Kopf.

„Oh Gott, Sebi-Schätzchen! Was hat man dir angetan?", flüsterte sie. In diesem Moment erwachte Fabian aus seiner Benommenheit, stand auf und fiel ebenfalls neben Sebastian auf die Knie.

„Er ist ein starker und tapferer Mann, Ihr Sebastian", sagte er, als er mit der Frau Augenkontakt aufnahm.

Sie nickte, streckte Fabian ihre Hand hin und meinte: „Gloria Pola."

„Fabian Krause", erwiderte dieser. „Mir ist es gleich ergangen wie Sebastian. Ich weiß nicht woher diese Drogen kamen!", verteidigte er sich. Er hatte Angst, dass er in dieser Hölle zurückbleiben müsste.

„Ich weiß! Meine Kollegen vom Auswärtigen-Amt haben mich darüber informiert, dass du in der gleichen Lage bist wie mein Sohn. Du wirst mit uns kommen." Fabian fiel ein Stein vom Herzen, als er das hörte.

„Danke", sagte er, während er die Frau anzulächeln versuchte. Seine Wangenknochen pochten und er sah verschwommen. Gloria Pola legte ihre Hand fürsorglich an Fabians Wange und meinte:

„Du wurdest schlimm zugerichtet Es ist schon spät. Meinst du, dass es bis morgen geht? Dann können wir zu einem deutschen Arzt", erklärte sie. Fabian nickte stumm.

Yildiz verschwand wutentbrannt aus der Zelle. Gloria und Fabian machten sich daran, den bewusstlosen Sebastian anzukleiden. Gloria hat Sebastians Gepäck ausgelöst und wühlte darin herum, um ihm etwas Trockenes herauszusuchen. Zum Glück hatte sie ihrem Sohn neue Schuhe mitgebracht. Sie hatte irgendwie im Gefühl gehabt, dass er wahrscheinlich nicht mehr beide besaß.

„Wie seid ihr hier reingeraten? Das ist grausam!", sagte sie nach einer Weile.

„Ich wurde am Flughafen aufgehalten, weil ich Drogen im Gepäck hatte. Ich habe noch nie etwas mit Drogen zu tun gehabt, das müssen Sie mir glauben!"

„Ich glaube dir. Es ist bekannt, dass unschuldige Touristen als Drogenkuriere eingesetzt werden. Bislang konnte man dem Problem einfach noch nicht Herr werden. Die türkische Regierung hat genügend andere Probleme. Es ist einfach grausam, was mit euch passiert ist. Ich werde dafür sorgen, dass so etwas nie mehr geschieht."

Sie schleppten den noch immer halb Bewusstlosen ins Gefängnis-Krankenhaus. Oder besser das Gefängnis-Krankenzimmer. Der Arzt schaute sich Sebastians Finger an und schiente das gebrochene Glied behelfsmäßig. Er gab ihm ein Antibiotikum gegen eventuelle Blutverunreinigungen und spritze ihm ein starkes Schmerzmittel. Fabian sah zu, wie man Sebastian verarztete und begab sich selbst kurz in die Obhut des Krankenhausarztes. *Viel wird der Mann nicht feststellen können, so wie es hier in dieser erbärmlichen Einrichtung aussieht*, dachte Fabian und beobachtete Sebastian. Er lag auf einer Bahre, war noch immer nicht bei sich. Er ähnelte seiner Mutter sehr, wie Fabian feststellte. Sie war ebenfalls schlank, groß und hatte eine gewinnende Ausstrahlung. Sebastian wirkte zerbrechlich, zartgliedrig, beinahe jugendlich. Diese Unschuld appellierte an Fabians Beschützerinstinkt. Obwohl er selbst ziemlich übel zugerichtet wurde, dachte er nur an Sebastian. Wie seine Haare abrasiert wurden, wie er geweint, gewimmert und gefroren hatte, das hatte Fabian das Herz abgedrückt. Er hoffte inständig, dass Sebastian bald wieder aufwachen würde. Er stellte sich an die Bahre und half Gloria ihren Sohn aus dem Gefängnis zu schieben. Die drei wurden aufs Dach gelotst, wo ein Hubschrauber auf ihren Transport wartete. Zum Glück war Sebastians Mutter schon früher da. Wer weiß, was der irre Beamte noch alles mit den beiden angestellt hätte, wenn sie nicht rechtzeitig eingetroffen wäre!

Der Flug in die Freiheit

Als Sebastian zu sich kam, hörte er die Rotoren eines Hubschraubers, die sich in rasanter Manier drehten. Er schlug seine Augen auf und blickte an die Decke der Fluggastkabine eines geräumigen Helikopters. Er lag auf einer Trage und war in eine dicke Decke gewickelt. Vorsichtig drehte er seinen Kopf nach links. Dort sah er Fabian, der angespannt und doch erleichtert neben ihm saß und aus dem kleinen Fenster blickte. Auf seiner rechten Seite saß seine Mutter, die ihre Hände in ihrem Schoss gefaltet hatte und ebenfalls aus dem Fenster sah.

„Hey", sagte er leise und heiser.

Beide drehten sich zu ihm. Ihre Mimik veränderte sich von besorgt zu freudig und ein Lächeln flog über ihre Gesichter.

„Hey Sebi-Schätzchen. Wie fühlst du dich?", wollte seine Mutter wissen, als sie ihm über den kahlen Kopf strich. Erst jetzt merkte Sebastian, dass sein Albtraum kein Traum, sondern Realität war.

„Meine Haare. Er hat mir meine Haare abrasiert!", hustete er, als er seine Hände über seinen kahlen Kopf wandern ließ. Es war seltsam, abartig. Er hatte noch nie eine Glatze und dachte, dass er bis ins hohe Alter nie eine haben würde.

„Ach, Schatz! Alles wird gut. Wir werden ihn zur Verantwortung ziehen. Versprochen!", beruhigte ihn seine Mutter. Sebastian wandte den Kopf zu Fabian und lächelte.

„Wie geht's dir?", flüsterte er, als er in die graublauen Augen sah. Sebastian erschrak, wie verbeult Fabian aussah. Sein wunderhübsches Gesicht war regelrecht verunstaltet.

Fabian lachte kurz und antwortete: „So lala! Es ging mir schon besser. Aber was ist mit dir? Es war grauenhaft und ich konnte nichts dagegen unternehmen, konnte dir nicht helfen."

„Du hättest nichts tun können. Mir ist verdammt kalt, aber sonst scheint alles okay", versicherte Sebastian. Geistesabwesend legte Fabian seine Hand auf Sebastians Arm. Sebastians Mutter blickte zuerst Fabian, dann Sebastian leicht verwundert an, bevor sie ihren Kopf schüttelte und lächelnd aus dem Fenster blickte.

Nach zehn Minuten meinte sie: „Wir landen bald. Ich habe dir in dieser Tasche dort frische Klamotten, Schuhe und Geld mitgebracht. Deine Sachen sind nach diesen Tagen sicherlich nicht mehr zu gebrauchen."

„Danke Mama", sagte er kaum hörbar. Ein paar Minuten später spürten die Insassen, dass der Helikopter langsam an Höhe verlor und man bald aufsetzen würde.

Der Flug zurück nach Istanbul war kurz und angenehm. Sie landeten auf dem hoteleigenen Landeplatz auf dem Dach, bevor die Polas und Fabian vom Hotelpersonal sowie dem türkischen Außenminister empfangen wurden. Sebastians Mutter öffnete die Tür.

„Frau Pola, ich möchte mich im Namen der türkischen Regierung für den Vorfall im Gefängnis entschuldigen. Wir werden die Umstände untersuchen und die Verantwortlichen zur Rechenschaft ziehen", rief der Außenminister gegen den Motorenlärm an, als er Sebastians Mutter die Hand reichte. Über ihren Köpfen flappten die Rotoren des Hubschraubers in rapidem Takt. Die Geräuschemission war immens.

Sebastians Mutter bedeutete ihm ein paar Meter vom Hubschrauber wegzugehen. „Danke, Außenminister. Die Vereinten Nationen sind entsetzt darüber, wie man in der Türkei mit ausländischen Staatsbürgern umgeht, die eines Verbrechens beschuldigt werden, dass sie nicht begangen haben. Körperliche und seelische Folterung eines deutschen Staatsangehörigen in einem türkischen Gefängnis? Das ist ein Verstoß gegen die Menschenrechte", stellte sie unmissverständlich klar. Ihre Haltung war angespannt, ihr Blick hart.

Der Außenminister wirkte verunsichert und beschämt, aber auch wütend, als er mit aufgesetztem Lächeln entgegnete: „Meine Regierung wird für Ihren Aufenthalt aufkommen und Sie alle im besten Hotel der Stadt unterbringen." Sebastian kam hinzu und blickte dem türkischen Außenminister unverwandt in die Augen. „Herr Pola und Herr Krause? Ich entschuldige mich bei Ihnen beiden in aller Form. Das Verhalten unserer Vollzugsbeamten ist in keinster Weise angemessen und wir werden die entsprechenden Beamten zur Verantwortung ziehen."

Sebastian konnte dem Minister nicht antworten, zu aufgekratzt, zu erschöpft war er. Alles was er zustande brachte, war ein kurzes Nicken. Er ging am Politiker vorbei und verließ mit Fabian und seiner Mutter den Landeplatz des Hotels.

„Guten Tag, Herr Außenminister", verabschiedete Gloria den Minister.

Das Hotelzimmer war ein Traum. Sebastian und seine Mutter teilten sich eine Suite mit zwei Schlafräumen, während Fabian in einem separaten Zimmer untergebracht wurde. Das Haus bot alle nur denkbaren Annehmlichkeiten. Das Bett war groß, mit gestärkten, weißen Leinen bezogen und mit diversen bunten Kissen verziert. Ein Traum in Weiß und Gold. Das Bad war geräumig, mit einer freistehenden Badewanne und einer Regenwalddusche.

„Ich gehe duschen", entschied Sebastian, als er mit seiner Mutter alleine war. Er konnte noch gar nicht fassen und verarbeiten, was in den letzten 36 Stunden mit ihm geschehen war. Er war verhaftet, in ein Gefängnis verschleppt, gefoltert und verprügelt worden. Der Schock saß ihm noch tief in den Knochen, als er nackt unter die Regenwalddusche trat. Das heiße Nass tat seiner Seele und seinem Körper gut. Er duschte eine Ewigkeit und weinte sich alles von der Seele. Er fuhr sich immer wieder über den Kopf und spürte nichts als nackte Haut. Sein ganzes Haar war weg. Sebastian liebte seine Haarpracht und war bekannt für perfekte Frisuren und ausgefallene Schnitte. Er besaß Pflegeprodukte aus aller Welt und war so stolz auf seine Mähne.

Klischee? Na und?

Aber es ließ sich nichts mehr an den Tatsachen ändern: Sie waren weg! Abrasiert von Wärter Yildiz. „Verdammte Scheiße! Was für ein Albtraum!", fluchte Sebastian vor sich hin. Seine Worte hallten durch das geräumige Badezimmer.

„Sebi-Schätzchen, alles in Ordnung?", rief seine Mutter besorgt.

„Ja, Mama, mach dir keine Sorgen!", beruhigte er sie. Sie war einfach überfürsorglich. Aber unter diesen Umständen auch irgendwie verständlich. „Hängt an der Türe und lauscht? Ach, Mama", seufzte er leise.

Kurze Zeit später ertönte die Stimme seiner Mutter erneut: „Fabian ist in deinem Schlafzimmer, er möchte mit dir sprechen. Ist das okay oder soll er später wiederkommen?"

„Nein, alles gut. Ich komme gleich raus", rief Sebastian aus der Dusche.

Kurze Zeit später drehte Sebastian das Wasser ab und trat auf die flauschige, weiße Fußmatte, die vor der Dusche lag. Die wohligwarme und samtig-feine Matte tat seinen Füssen gut. In diesem Moment realisierte er, dass er in Sicherheit war. Er nahm das Badetuch von der Halterung und trocknete seinen Körper ab. Sein Finger war geschwollen und pochte. An diesem späten Abend konnten sie nichts mehr unternehmen, weshalb seine Mutter für den nächsten Tag einen Termin bei einem Arzt ausgemacht hatte. Der Gefängnisarzt hatte den Finger ja behelfsmäßig geschient und verbunden. Sebastian hatte Schmerzpillen bekommen und konnte seine Schmerzen so alle paar Stunden betäuben.

Als er sich im Spiegel sah, musste er schlucken. Sein Kopf war geschoren, nackt und diverse Stellen waren blutig. Dort hatte ihn der Gefängniswärter mit dem scharfen Rasierapparat geritzt. Tiefschwarze Augenringe zierten sein zartes Gesicht. Ein dunkelrotes Veilchen entstellte seine Züge. Ohne Haare sah Sebastian aus wie ein Greis, wie ein alter Mann und er ekelte sich vor sich. Er sah entstellt und hässlich aus, was ihm weitere Tränen in die Augen trieb. „Hier bist du nichts wert, du Schwuchtel", hatte Yildiz gesagt. Sebastian konnte einen Schluchzer und weitere Tränen nicht unterdrücken.

„Seb? Alles in Ordnung?", klang es durch die Badezimmertüre, bevor sie sich einen Spalt öffnete und Fabians Gesicht erschien.

Ein wenig fassungslos blickte Sebastian in den Spiegel und sah Fabian, der ihn musterte. *Was erlaubt der sich? Der hat Nerven!* Aber irgendwie war er auch froh, dass Fabian nach ihm sah. Er musste endlich loswerden, was ihn quälte. „Nichts ist in Ordnung. Nichts. Sieh dir an, wie ich aussehe, wie ein verdammter Krebspatient", wetterte Sebastian, als Fabian ins Zimmer trat. „Ich liebte mein Haar! Es definierte, wer ich war", stammelte Sebastian, als ihm die Tränen übers Gesicht strömten. Wenn er ehrlich war, ging es bei Weitem nicht „nur" um seine Haare!

Nein.

Es ging um den Horror der vergangenen Stunden, um die Schmerzen in seiner Hand, seinen Wangenknochen. Es ging um die Art, wie er von Yildiz behandelt wurde, als wäre er kein Mensch. Sebastian fühlte sich in seinem Stolz, seiner Männlichkeit und seiner Menschenwürde verletzt. Er wurde gezwungen, sich vor einem fremden Mann zu erniedrigen, ihm die Macht über seinen Körper zu überlassen. Das war das Schlimmste. Der Verlust seiner Haare war das Tüpfelchen auf dem i, welches das Fass – oder in seinem Fall, seine Tränendrüsen – zum Überlaufen brachte.

Plötzlich spürte er warme Hände auf seinen Schultern und an seinen Armen. Fabians Hände waren weich und männlich. Er schien ihn trösten zu wollen. Sebastians Glied reagierte augenblicklich. Die Hände berührten ihn unglaublich sanft, beinahe zaghaft und doch spürte Sebastian das Verlangen, das in dieser sinnlichen Berührung lag. Er drehte sich um und sah in die warmen Augen seines Gegenübers. Darin war so viel glühendes Verlangen zu sehen, dass Sebastians Fantasie unweigerlich angeregt wurde. Erschrocken sah er sich die gerötete Wange, das geschwollene Auge an. Zögerlich, beinahe ängstlich berührte er Fabians verletztes Gesicht, er wollte ihm keine Schmerzen bereiten.

„Tut es sehr weh?", presste er hervor, als er das havarierte Gesicht neugierig genauer betrachtete.

„Es geht", flüsterte dieser zurück, bevor er Sebastian zuzwinkerte, sich über die Lippen leckte und sich Sebastians Mund näherte. Die Intention war klar. „Das hier sollte kein Problem sein", spöttelte er heiser. Sebastian grinste, bevor er ihm in aller Selbstverständlichkeit entgegenkam. Er kuschelte seinen nackten Körper an Fabian, der ihn sofort mit seinen warmen Händen in Beschlag nahm, seine Silhouette erkundete. Achtsam wanderten die Finger über Sebastians Haut, kitzelten über seine Rippen, über die Hüften und verharrten auf Sebastians erhitzten Pobacken. Er ließ sich sanft küssen. Es war unschuldig und liebenswert – zumindest begann es so. Die warme und feuchte Zunge Fabians umspielte Sebastians Unterlippe, fuhr deren Konturen ab, was Sebastian das erste leise Stöhnen entlockte. Experimentierfreudig öffnete er seinen Mund und ließ Fabians drängende Zunge ein. Die beiden standen sich gegenüber, hielten sich in den Armen und küssten sich. Nicht lange und Sebastian merkte, wie Fabians erregtes Glied an sein Becken drückte, was Sebastians Zurückhaltung endgültig davonfegte. Seine Libido flammte auf und sein eigener Penis wurde härter und größer. Ein Stöhnen entwich ihm, woraufhin Fabian schmunzeln musste und ihn ein kleines Stück von sich schob. „Du hast schöne weiche Lippen und bist wunderschön – auch ohne Haare, hast du gehört?", wollte er von Sebastian wissen. Die stechend graublauen Augen sahen Sebastian direkt in die Seele und es war für ihn, als ob er sich in diesen Augen verlieren könnte. Er nickte und eine weitere Träne lief ihm über die Wange. Fabian wischte sie sanft mit seinem Daumen weg. Er führte den Daumen an seine Lippen und küsste die warme Flüssigkeit weg. Ein dunkles Raunen entwich seiner Kehle. Fabians warmer, mitfühlender Gesichtsausdruck, als er die Träne aus Sebastians Gesicht wischte und kostete, war atemberaubend. Fabians Mund war vom Küssen ganz rot und feucht.

Einfach sexy.

Fabian begann erneut Sebastian zu streicheln, ihn zu berühren und zu erkunden. Er fuhr mit seinen starken Händen über die feinen Glieder und entlockte ihm seufzende Geräusche voller Erwartung und Verlangen. Als Sebastian seine Hände auf Fabians T-Shirt legte um ihn zu berühren, zuckte dieser zusammen.

„Aua! Bitte, sei vorsichtig!", erklärte er sich. Entsetzt wich Sebastian zurück.

„Lass mich mal sehen", forderte er mit erregter Stimme. Fabian schüttelte den Kopf. „Ach komm! Du hast mich jetzt bereits zweimal nackt gesehen und ich dich noch nie. Also los!", stachelte Sebastian sein Gegenüber an. Beinahe beschämt wendete sich Fabian ab. „Was ist los?", wollte Sebastian wissen. Nach einer Weile sagte Fabian:

„Ich – ich sehe nicht aus wie du. Bin nicht so dünn und attraktiv wie du. Ich, ich –", stammelte er verlegen. Sebastian ging auf ihn zu, nahm Fabians Kinn zwischen seine Finger und drehte sein Gesicht langsam zu sich hin. Er blickte ihm tief in die Augen und sagte liebevoll:

„Du bist perfekt. Absolut sexy und attraktiv. Ich will sehen, was er mit dir gemacht hat! Ich will sehen, wie du ohne Kleider aussiehst! Ich will dich berühren und dir nahe sein! Ich will dich mit Küssen überhäufen, dich schmecken und fühlen! Bitte?", sagte er beinahe flehend mit weicher Stimme. Fabian fixierte ihn eine Weile bevor er zurücktrat, um sich sein T-Shirt über den Kopf zu ziehen.

Sebastian trat erschrocken einen halben Schritt zurück, als er Fabians Brustkorb sah. Während er selbst hauptsächlich ein blaues Auge, eine Glatze und einen gebrochenen Finger hatte, sah Fabian aus, als hätte ihn eine Herde wildgewordener Pferde überrannt. Seine Brust war übersät mit blauen Flecken, die an einigen Stellen ins Dunkelviolette gingen. Er hatte diverse Kratzer und Schnitte am Oberkörper, die von den Tritten herrührten. Fabian war wohlgenährt, ein bisschen pummelig, aber absolut sexy und begehrenswert. Sein Körper wirkte stark, doch gleichzeitig weich und jugendlich.

„Versteck dich nie mehr vor mir. Du siehst hinreißend aus!", flüsterte Sebastian. Sein halbhartes Glied zuckte vor Verlangen nach dem, was passieren würde. Fabian öffnete seinen Gürtel und die Hose und zog diese bis an die Knöchel nach unten. Seine starken Beine waren ebenfalls mit Blutergüssen übersät. Er hatte stämmige, wohlgeformte Beine, die mit einem samtigen Flaum an Haaren überzogen waren. Unheimlich sexy. In Fabians schwarzen Pants zeichnete sich überdeutlich die Silhouette seines halberregten Penis ab. Riesig. Sebastians Blick verharrte auf den Blutergüssen: Grausame Beweise für die ungerechtfertigte Folterung im Gefängnis.

„Oh Gott! Tut es sehr weh?", wollte Sebastian wissen, als er an Fabian herantrat und ihn sanft am Arm berührte. Zart und einfühlsam strich er über die Haut an seinem Oberarm.

„Es geht. Solange man mich nicht berührt", witzelte dieser charmant. Sebastian sah in Fabians Augen, tief in diese strahlenden Augen, die funkelten wie ein Gletschersee. Fabian küsste ihn fordernd auf den Mund und öffnete Sebastians Lippen mit seiner Zunge. Es war unbestreitbar: Fabian wollte Sex. Sebastian löste sich vom Kuss und flüsterte in Fabians Nacken:

„Ein bisschen berühren muss ich dich, wenn wir das tun wollen, was ich denke, dass wir tun werden." Fabian musste lachen und flüsterte zurück:

„Es gibt Stellen an meinem Körper, die nicht verletzt sind. Um die kannst du dich kümmern", mit diesen Worten drückte er sein Becken fester an Sebastian. Mittlerweile war auch Fabian steinhart und sein vollgepumpter Penis drückte gegen Sebastians Leiste. Ihm jagten Schauer über den Körper.

„Dann bin ich gespannt, welche Stellen das sind!", flüsterte Sebastian heiser und küsste Fabian leidenschaftlich.

Lodernde Zweisamkeit

Sebastian befreite Fabian aus seinen Hosen, den Schuhen und Socken. Vorsichtig und sachte. Obwohl: Eigentlich hätte er diesem erotischen Mann die Kleider am Liebsten vom Leib gerissen. Doch seine Verletzungen ließen das nicht zu. Noch nicht! Sie umarmten und küssten sich, bevor sie eng umschlungen in Richtung des großen Betts taumelten. Diese starken Arme an seinem Körper zu spüren, entlockte Sebastian ein kehliges Stöhnen. Vor lauter Unachtsamkeit stieß er gegen die Bettkante und plumpste rücklings auf die weiche Matratze. Es sah ein bisschen unbeholfen aus, was der Stimmung aber keinen Abbruch tat. Fabian stand über ihm und grinste auf ihn herunter. Ein absolut erregendes Gefühl. Dieser Mann wollte ihn und zeigte das. Seine Augen waren dunkler als zuvor, seine Atmung schneller, seine Haltung angespannter und erst sein Penis! Sebastian leckte sich lasziv über die Lippen und räkelte sich in den weißen Laken. Er breitete seine Arme aus und krallte sich in der Matratze fest. Das ließ seine Sehnen hervortreten, was Fabians Blick nochmals intensivierte. Dieser beobachtete das erotische Schauspiel und strich sich mit seiner Hand erwartungsvoll über den schwarzen Stoff, der seine gewaltige Beule bedeckte.

Ein sündiger Anblick.

„Willst du die nicht ausziehen?", raunte Sebastian als er mit seinem Kinn auf den hinderlichen Stoff deutete. Er setzte sich an den Bettrand. Mit seiner Hand massierte er Fabians erigiertes Glied durch den samtigen Stoff, was diesem einen unterdrückten Seufzer entlockte. Als er mit seiner feuchtwarmen Zunge das erste Mal über den dünnen Stoff glitt, stöhnte Fabian auf und packte Sebastians Kopf mit seiner rechten Hand, strich über seinen nackten Skalp. Die Pant war feucht an der Stelle, wo Fabians Eichel lag. Mit einer sanften Bewegung entblößte Sebastian Fabians Glied. Die schiere Größe ließ ihn aufkeuchen. Mit großen Augen starrte er auf das bare Fleisch. „Wow", war das einzige, was er herausbrachte. Die andächtige Bewunderung für sein Glied brachte Fabian zum

Lachen. Er nutzte die Gunst der Stunde und überwältigte den abgelenkten Sebastian mit einem Kussangriff. Er beugte sich vor und kostete die weichen Lippen. Sebastian ließ es geschehen. An den Lippen verbunden, drängte Fabian seinen Liebhaber auf die Laken, bedeckte dessen Körper mit seinem. Obwohl Fabian massiger war als Sebastian, fühlten sich die beiden Körper perfekt aufeinander an. Sie schmiegten sich aneinander und liebkosten sich. Fabian richtete sich auf und vergrub seine Nase in den Nacken seines Geliebten, um seinen Geruch einzuatmen. Sebastian roch gut, nach Duschgel. Nebst diesem frischen Duft war da noch etwas Unterschwelliges, etwas, das Fabian als Sebastians Eigengeruch wahrnahm. Männlich herb, verlockend natürlich und erregend.

„Du riechst gut", flüsterte er in Sebastians Ohr und biss ihm sanft in den Nacken, vergrub seine Zähne in seinem Liebhaber. Er rutschte auf Sebastians nacktem Körper nach unten, um seinen Hals zu küssen, seine Schultern zu liebkosen und seinen linken Nippel zwischen seine Zähne zu nehmen. Mit leichtem Druck und mit kreisender Zunge massierte Fabian Sebastians Brustwarzen und entlockte ihm erregte Seufzer. Keuchend und voller Erwartung wand sich Sebastian unter seinem Liebhaber. „Das gefällt dir wohl?", meinte dieser grinsend, als er merkte, wie sensibel Sebastian auf diese Berührungen reagierte. Er leckte, saugte und knabberte weiter, bis Sebastian sich vor lauter Stöhnen kaum noch halten konnte. Nach ein paar weiteren Liebkosungen, umfasste er Sebastians Glied mit seiner Hand. Es war steinhart, mit Adern durchzogen und stand kerzengerade von Sebastians schlankem Körper ab. Als Fabian zupackte, spürte er den Herzschlag seines Liebhabers unter der makellosen Haut pulsieren. Sebastians Glied war perfekt. Nicht zu groß, aber auch nicht unscheinbar. Er fuhr mit seiner Hand über die unter der Vorhaut verborgene Eichel und streichelte den samtigen Schaft. Mit einer langsamen Bewegung entblößte er die feuchte Spitze. Die kalte Luft, die sich sofort um diese verletzliche Stelle legte, ließ Sebastian erschaudern. Fabian schmunzelte kurz und schob seine weichen Lippen über die Eichel. Langsam aber stet, nahm er mehr von Sebastian in sich auf. Mit seinen Händen umspielte er weiterhin die Brustwarzen seines Liebhabers, der ihm entgegenkam und noch mehr von ihm wollte.

Fabian zog sich zurück und erkundete mit seiner Zunge den prallgefüllten Penis. Er umkreiste die Eichel, fuhr die Ader am Schaft entlang, tauchte tiefer um Sebastians Hoden zu umspielen. Sebastian stöhnte unter diesen Berührungen auf. Seine Hoden waren samtig und mit wenigen Härchen übersät. Er massierte Sebastians Damm und streichelte über die sensible Innenseite seiner Schenkel.

Sebastian spürte, wie ihn Fabian berührte, wie er seine Hoden bearbeitete, ohne von seinen Nippeln oder seinem Penis abzulassen. Was dieser attraktive Mann mit seinem Glied anstellte, war einmalig und unbeschreiblich. Wie diese warme, feuchte Zunge über seine erogensten Zonen glitt, wie beweglich, raffiniert und wendig sie war! Einfach einmalig. Er sollte nie aufhören und doch merkte Sebastian, dass er seinem Orgasmus nahe war. Die angestaute Lust würde in Kürze explodieren und ihn in ein Gefühl völliger Zufriedenheit stürzen. In seinen Lenden braute sich dieses wohlige Gefühl zusammen, seine Hoden prickelten und seine Muskeln bereiteten sich auf die nahenden Kontraktionen vor.

„Fabian! Schatz! Wenn du so weitermachst, halte ich nicht mehr lange durch." Noch zwischen Sebastians Beinen liegend, blickte ihm Fabian in die Augen. Darin war so viel Verlangen, eine heiße Glut zu sehen, die Sebastians Lust beinahe zum Überlaufen gebracht hätte. Fabian grinste ihn frech an und begann erneut Sebastians harten, blutgefüllten Penis mit seiner weichen, warmen Zunge zu umkreisen. Er spürte, wie die Adern mehr Blut in die Spitze pumpten. Er nahm Sebastians Geschlecht tief in seinen Mund und Rachen und begann es in einem stetigen Rhythmus zu stimulieren.

Auf und ab.

Fabian spielte mit seiner Zunge um die tiefrote Spitze. Immer stärker und tiefer. Ein erregendes Beben durchflutete Sebastians Körper, bevor er nach Luft schnappen musste. Diese sinnlichen Augen, die ihn anstarrten, die erotischen Lippen, die geschickte Zunge, das alles war genug um Sebastian über den Rand in die absolute Glückseligkeit zu stoßen. Er spürte, wie sich seine Hoden zusammenzogen und die Kontraktionen ihm die langersehnte Erleichterung verschafften.

„Fabian. Ich – Ah! Ich komme!", stöhnte Sebastian, um seinen Liebhaber zu warnen. Fabian entließ den zuckenden Penis nicht aus seinem heißen Mund, sondern saugte, schmatzte und leckte weiter. Sebastian spürte, wie der heiße Samen durch den Leiter in den Schaft gepumpt wurde, um kurz darauf in schubartigen Stößen in Fabians Mund zu spritzen. Er schrie dessen Namen, bis er heiser war. Sein Körper fühlte sich frei und schwerelos während Fabian ihn weiter molk. Sanft und doch mit Druck massierte er das Glied und trank jeden Tropfen.

Ein befriedigendes Gefühl machte sich in Sebastians Körper und seinen Lenden breit. Eine vollkommene Befriedigung, die seine Gliedmaßen ohne Kraft zurückließen. Fabian blickte in seine Augen und ließ das halbharte Glied aus seinem Mund gleiten. Er grinste und wischte sich mit der Hand über den linken Mundwinkel. Sebastian atmete schwer, zog seinen Liebhaber zu sich nach oben und nahm ihn in seine verschwitzten Arme.

„Wow! Fabian, das war der Hammer!", flüsterte er nach einer kurzen Weile. Als sich sein Puls und sein Körper vom starken Orgasmus erholt hatten, stützte er sich auf seine Ellenbogen und sah Fabian tief in die Augen, setzte ein Grinsen auf und meinte: „So und jetzt bist du dran!" Sebastian setzte sich auf und blickte über Fabians Körper. Er wirkte stark, wohlgeformt und sexy. Seine Brust war leicht behaart und auf seinem Bauch führte ein „Treasure Trail" nach unten in den Intimbereich, der ebenfalls mit lockigem Schwarz bedeckt war. Sebastian hatte wenig Körperbehaarung und liebte Männer mit Haaren. Natürlich durfte es nicht zu viel sein, was bei Fabian nicht der Fall war.

Er war perfekt.

Sebastian fuhr Fabians Brust mit seinen Fingerspitzen nach, lehnte sich nach unten, um ihn zu küssen. Sein Mund schmeckte salzig, herb und ein wenig bitter. Sein eigenes Aroma, wie Sebastian wusste. Es erregte ihn, diesen Geruch in Fabians Mund wahrzunehmen. Er hatte alles geschluckt, was Sebastian geben konnte und fand es erregend. Er versuchte sein Gegenüber so sanft wie möglich zu berühren. Die tiefroten Stellen und die Blutergüsse waren über seinen ganzen Oberkörper verteilt und Sebastian versuchte ihn dazwischen zu berühren und zu küssen. Fabian reagierte kaum, als Sebastian sich über seine Nippel hermachte, sie zwickte. Das ließ ihn kalt – im wahrsten Sinne des Wortes. *Na warte, so schnell gebe ich nicht auf. Ich finde schon noch deine Stelle!*, spornte sich Sebastian an. Äußerst genüsslich leckte er tiefer und erkundete jeden Zentimeter von Fabians Körper. Sein Bauch war warm, weich und unheimlich sexy. Als er den Bauchnabel umspielte und auf die rechte Seite abdriftete, zuckte Fabian zusammen und konnte ein weiteres Stöhnen nicht unterdrücken. *Ah, da haben wir deine Stelle!* Sebastian grinste wie das sprichwörtliche Honigkuchenpferd, bevor er sich daran machte, diese empfindliche Gegend an Fabians Körper ausgiebig zu erkunden und ihn damit in den Wahnsinn zu treiben, ihn um den Verstand zu lecken. Fabian wand sich, stöhnte, keuchte und zuckte. Das gefiel Sebastian. Mit seiner Hand massierte er Fabians halbhartes Glied, das mittlerweile wieder Fahrt aufgenommen hatte. Nachdem er sich genügend mit Fabians Bauch beschäftigt hatte, rutschte er noch tiefer. Mit seiner Zunge durchquerte er die behaarte Scham seines Geliebten, um zu dessen Penis zu gelangen.

Dieser war groß, dick und mit einigen Adern durchzogen. Absolut sexy. Fabian wusste es noch nicht, aber Sebastian stand auf große Gerätschaften. Bisher hatte er mit einigen Männern geschlafen, aber Fabian war größentechnisch eine Ausnahmeerscheinung. Sebastian robbte weiter nach unten, um das gute Stück zu bewundern. Er stellte Fabians Penis auf und fuhr ihn mit der Handinnenfläche ab. Staunend wurden seine Augen grösser, denn er träumte schon lange davon, sich von so einem Penis nehmen zu lassen. Sich einem Liebhaber dieser Qualität hinzugeben. Obwohl: Größe stand ja nicht automatisch für Qualität, aber so wie Sebastian Fabian kennengerlernt hatte, sollte das kein Problem sein. Sebastian leckte sich lüstern über die Lippen und richtete seinen Blick nach oben, in Fabians Gesicht. Dieser beobachtete ihn mit einem verschmitzten Grinsen.

„Gefällt dir, was du siehst?", neckte er. Ohne darauf zu antworten, begann Sebastian die pralle Eichel mit seiner Zungenspitze zu umfahren und entlockte Fabian Geräusche der puren Lust. Er wand sich und zuckte unter Sebastians geschickter Zunge. Mit beiden Händen hielt er den dicken Schaft fest, um das Ding zu bändigen. Sebastian öffnete seinen Mund und hatte Mühe, Fabians Glied in sich aufzunehmen. Während er seinen Rhythmus aufnahm, massierte er die Hoden seines Geliebten, rieb über den Damm bis hin zum pinken, faltigen Muskelring an Fabians Hintern. Fabians Gesicht verzog sich in ein Lächeln und doch war seine Anspannung fühlbar. Sebastian nahm das Glied noch tiefer in seinen Rachen und spürte, wie es in seinen Hals vordrang. Dieses Völlegefühl war absolut einmalig. Es war, als ob Fabians Penis in Sebastians Mund gehörte und als ob er nie wo anders war. Immer weiter nahm er das Glied in sich auf, immer tiefer ließ er die pulsierende, harte Haut in sich eindringen. Zum Glück hatte er keinen Würgereflex, was ihm in dieser Situation zu Gute kam. Fabian stöhnte und starrte bewundernd nach unten und beobachtete Sebastian, wie er seinen Penis tiefer in seinem Mund verschwinden ließ. Dieser konnte zeitweise nicht mehr atmen, Fabians Penis schnitt ihm die Luftzufuhr ab. Sebastian hatte sich eine Technik zurechtgelegt, bei der er sich ab und an zurückziehen musste, um Luft zu holen. Bloß keine Panik aufkommen lassen. Mit seinen Fingern knetete er die prallen Hoden. Die wenigen Härchen kitzelten an Sebastians Fingern. Als er seinen Mittelfinger – vorsichtig und sanft – in Fabians Anus einführte und sein Glied bis zum Anschlag in seinem Mund verschwinden ließ, schrie dieser auf und Sebastian spürte, wie das Glied zu zucken und zu pumpen begann. Fabian war so erregt, wie er zuvor und es dauerte nicht lange, diese Lust zum Überlaufen zu bringen.

„Seb, ich — ich komme! Aaah, jaaa", stöhnte sein Liebhaber noch. Sebastian hatte nicht vor, nur ein Tröpfchen dieser warmen Köstlichkeit zu verschwenden. Keinen Augenblick später spritzte der erste Schwall des warmen Samens Sebastians Kehle hinunter. Weitere Stöße folgten. Er hatte Mühe die Schübe der Lust aufzunehmen. Unaufhörlich zuckte das Glied, um einen neuen Schwall preiszugeben. Der Geruch, den Fabian verströmte war genug, um

Sebastian erneut an den Rand zu führen. Er nahm seinen eigenen Penis in die Hand und massierte ihn zügig und schnell. Er wollte mehr davon. Mehr von Fabian. Er spürte wie einige Tröpfchen des warmen Sekrets aus seinem Mund und über seine Wangen liefen. Das Glied zuckte noch immer und Fabian wand sich vor Lust. Das war genug um Sebastians erneut kommen zu lassen. Er pulsierte über die eigene Hand und saute das Laken ein. Er schluckte alles, was Fabian in seinen Mund spritzte. Fabian entspannte sein Becken und sein Glied wurde schlagartig schlaffer. Sebastian zog sich zurück, wischte sich den Mund ab und legte sich neben seinen befriedigten Mann.

„Oh, wow! Seb, das war – war einfach fantastisch. So tief konnte ihn bisher noch niemand blasen", flüsterte er in Sebastians Nacken. Dieser lachte kurz und blickte seinem Liebhaber in die Augen.

„Es war nicht einfach, aber ich denke, dass ich es ganz gut hinbekommen habe. Oder?", neckte Sebastian ihn, woraufhin beide lautstark lachen mussten.

„Du hast da etwas!", sagte Fabian, bevor er sich aufrichtete und mit seiner Zunge die Tröpfchen Erguss von Sebastians Wange leckte. Langsam und genüsslich. Sebastian war ein wenig perplex und unheimlich erregt, als er dabei zusah. „Hmhmmm", raunte Fabian, als er sich über die Lippen leckte. Sebastian konnte sich nicht mehr länger zurückhalten und fiel über seinen Liebhaber her. Er verteilte leidenschaftliche Küsse auf Fabians Lippen, seinem Kinn, seinen Wangen. Er wollte mehr von ihm, mehr von seinem Geruch. Also nahm er seinen Mund in Beschlag. Die beiden Zungen tanzten miteinander, wie Tänzer auf einer Showbühne. Sie teilten sich Fabians köstliches Aroma. Heiß und versaut. Sie streichelten sich gegenseitig und tauschten die angestaute Hitze aus. Diese Wärme war auch das, was die beiden irgendwann zur Ruhe kommen ließ.

Sebastian kuschelte sich an Fabians Brust und streichelte die kräftigen Arme und den weichen Bauch, berührte die zarte Haut – behutsam – mit seinen Fingern. Es war, als ob die beiden Körper noch nachglühten, so viel Wärme strahlten sie ab. Diese Hitze und die Geborgenheit ließen die beiden langsam einnicken.

Arm in Arm.

Justitia, wer?

„Guten Morgen, Mama", sagte Sebastian, als er ins große Wohn-zimmer kam, um am Frühstückstisch Platz zunehmen. Kurz nach ihm folgte Fabian, begrüßte Frau Pola kurz und setzte sich still dazu. Gloria blickte zuerst ihren Sohn und dann Fabian an, bevor sie sich wieder ihrer Zeitung widmete und einen Schluck vom frisch gepressten Orangensaft trank, der vor ihr auf dem Tisch stand.

„Hallo Jungs. Wie geht's euch heute?", wollte sie wissen. Se-bastian räusperte sich verlegen und meinte:

„Besser. Ich bin dennoch froh, wenn mein Finger fachmän-nisch geschient wird. Er tut höllisch weh."

„Mir geht's auch besser, danke Frau Pola", meinte Fabian. Se-bastians Mutter faltete die Zeitung zusammen und legte sie neben ihren Teller auf den Tisch. Sie blickte Fabian direkt in die Augen und sagte:

„Bitte, nenn mich Gloria. Nachdem was ich gestern Abend – ungewollt versteht sich – mitgehört habe, bedeutest du meinem Sohn etwas und darum bitte: Gloria."

Fabians Gesicht wurde feuerrot und Sebastian sank tiefer in seinen Stuhl. Dass seine Mutter im Nebenzimmer war, hatte er gestern in der Hitze des Gefechts total vergessen. Sie waren nicht gerade leise und zurückhaltend gewesen.

„Scheiße", sagte er flüsternd und spürte, wie seine Wangen glühten. Gloria schaute ihren Sohn an, setzte ein verschmitztes Grinsen auf und meinte:

„Sebi-Schätzchen, hüte deine Zunge, Junge!" Nachdem sie das gesagt hatte, musste sie lachen und die Anspannung am Tisch schien sich in Luft aufzulösen. Alle drei lachten und grinsten sich an. Das Eis war gebrochen und Sebastian war froh, dass seine Mut-ter seinen Liebhaber so gut akzeptierte. Normalerweise stellte er seine Männer nicht sofort seiner Mutter vor, dies schien eine will-kommene Ausnahme zu sein. Die drei genossen ihr Frühstück im schönen Wohnzimmer der Hotel-Suite um sich auf den bevorstehenden Tag vorzubereiten. Es war eine lockere, gemütliche Stimmung, obwohl nicht viel gesprochen wurde. Wahrscheinlich wusste niemand, über was man sprechen sollte. Irgendwie war es ja auch eine komische Situation.

„Los Jungs, sonst kommen wir zu spät zu eurem Termin beim Arzt. Er wird sich eure Verletzungen anschauen und sie entsprechend behandeln. Okay?" Beide Männer nickten, nahmen ihre Wertsachen und verstauten sie in ihren Hosentaschen. Die Familie wurde von einem Fahrer in einer silbernen Mercedes-Limousine erwartet. Gloria nahm vorne Platz während ihr Sohn und sein Freund sich die Rückbank teilten. Die beiden sahen sich während der ganzen Fahrt tief in die Augen und hielten Händchen. Ein verliebtes Lächeln huschte über ihre Gesichter. Gloria schüttelte lächelnd den Kopf. Nach einer kurzen Fahrt durch die verkehrsreichen Straßen Istanbuls, hielt der Wagen vor einem Klinikum. Ein großer Mann stand mit einer Krankenschwester vor dem Eingang und wartete auf die Ankömmlinge.

„Frau Pola? Sebastian und Fabian?", fragte er. Die drei nickten und gaben dem Doktor die Hand. „Ich bin Dr. Öygül Şişhane. Es freut mich, Sie kennenzulernen." Als sie sich begrüßt hatten, wurden sie ins Klinikum geführt. Das Gebäude wirkte groß und hell, war modern ausgestattet und das Personal war professionell und zuvorkommend. Sebastians Mutter setzte sich ins Wartezimmer, während Sebastian und Fabian in ein Untersuchungszimmer geführt wurden.

„Schauen wir uns Ihren Finger an", sagte der Doktor, bevor er den provisorischen Verband entfernte und sich das gebrochene Glied näher anschaute. Als er den Finger berührte, zuckte Sebastian zusammen und sein Körper versteifte sich. „Wollen Sie ein Anästhetikum?", fragte der Doktor ernst.

Sebastian schüttelte den Kopf.

„Schwester Aylin wird Sie zum Röntgen mitnehmen, Sebastian. Okay?", wollte der Arzt wissen. „Ich möchte wissen, wie Ihre Knochen aussehen und ob wir noch weitere Vorkehrungen treffen müssen." Sogleich kam eine junge, in weiß gekleidete Krankenschwester in den Raum und führte Sebastian aus dem Zimmer. Der Arzt wandte sich dem zweiten Patienten zu. „Sie sind Assistenzarzt, wie ich gehört habe?", wollte er wissen. Fabian nickte und erzählte, wo er arbeitete und was sein Fachgebiet war.

„Ich denke nicht, dass etwas gebrochen ist, aber ein Röntgenbild wäre empfehlenswert", diagnostizierte er sich. Der Arzt nickte, wollte aber noch die Verletzungen abtasten, um innere Verletzungen durch Rippenbrüche auszuschließen. Fabian willigte ein und zog sein T-Shirt aus, um die Verletzungen dem Arzt vorzuführen. Dieser tastete ihn behutsam ab.

„Okay. Ich stimme mit Ihrer Selbstdiagnose überein, trotzdem gibt uns ein Röntgenbild Aufschluss. Schwester Aylin wird sie gleich abholen", meinte er neutral.

Der Raum, in dem die Bilder gemacht wurden, war klein, dunkel und kühl. Sebastian musste seine Hand auf eine Platte legen, wurde mit einem Blei-Lendenschurz ausgestattet und angehalten, seine Hand still zu halten. Die Krankenschwester verschwand in einem Vorraum, worauf ein Piepsen zu hören war. Einige Sekunden später, kam sie zurück in den Raum, nickte und nahm den Schurz entgegen. Sie führte den Patienten in Doktor Şişhanes Besprechungszimmer und nahm Fabian zum Röntgen mit.

„Ein glatter Bruch. Beim kleinen Finger reicht meist ein fester Verband, da wir den Bruch nicht gipsen können. Die Hauptarbeit wurde schon gemacht, indem der Finger wieder grade und in die richtige Position gerückt wurde." Der Arzt tupfte den Finger mit einer Desinfektionslösung ab, entfernte Rückstände vom alten Verband und säuberte Sebastians Hand ausführlich. Als der Alkohol aus der Desinfektionslösung verdampft war, nahm der Arzt Verbandsmaterial aus einem Kasten und machte sich daran, den Finger fachmännisch zu schienen und zu verbinden. „Sie sollten ihre Hand möglichst nicht bewegen und keine schweren Sachen heben.

In vier bis acht Wochen sollte er verheilt sein. Gehen Sie bitte zwei-wöchentlich zu einem Arzt, um den Verband zu wechseln und das Zusammenwachsen zu überprüfen. Ich gebe Ihnen ein Rezept für Schmerzmittel. Bei Bedarf zweimal täglich eine Tablette. Okay?"

„Danke Doktor", sagte Sebastian leise, bevor er eine Schmerz-mittelpackung in die Hand gedrückt bekam und verabschiedet wurde. Als Sebastian ins Wartezimmer trat, sah er wie Fabian zu-rück in den Besprechungsraum ging. Er lächelte ihn kurz an, bevor er im Raum verschwand. Wie ein Depp stand Sebastian im Warte-zimmer und hatte ein dämliches Grinsen auf dem Gesicht. Er dachte an die vorangegangene Nacht und die Gefühle, die Fabian in ihm auslöste. Vielleicht hatte es auch etwas Gutes, dass ihnen beiden das hier alles passiert war. Hätten sie sich sonst kennenge-lernt?

„Sebi-Schätzchen? Sebastian? Alles in Ordnung?", wollte seine Mutter wissen, als sie ihn am Arm berührte. In diesem Mo-ment erwachte er aus seinem Tagtraum, drehte sich zu seiner Mut-ter um, lächelte sie kurz an und setzte sich auf den Stuhl neben ihr.

„Alles gut. In vier bis acht Wochen sollte mein Finger verheilt sein", fasste er die Konsultation zusammen. Gloria nickte und lä-chelte erfreut. Sie strich ihrem Sohn verträumt über den kahlrasier-ten Schädel und seufzte erleichtert.

„Du magst ihn, oder?", fragte sie flüsternd. Sebastian sah sie an und sagte:

„Ja. Ich mag ihn sogar sehr. Er ist süß, attraktiv, clever und bodenständig. Du hast keine Probleme mehr damit, dass ich –" Sebastian drehte sich um und blickte in den Warteraum, wo di-verse Patienten warteten, bevor er flüsternd fortfuhr: „– schwul bin, oder?" Seine Mutter lächelte ihn warm und herzlich an, bevor sie ihn an der Schulter berührte und sagte:

„Nein, Sebastian. Habe ich nicht. Aber ich gebe zu, dass es ein wenig komisch war, seinen Sohn mit einem anderen Mann zu se-hen und zu hören, wie sie –"

„Hör auf! Das ist mir so peinlich. Es tut mir leid!", stammelte er mit roten Ohren und feurigem Gesicht.

„Lässt du mich wohl ausreden? Es war komisch – euch dabei zuzuhören. Aber es wäre auch komisch gewesen, wenn du dich mit einem Mädchen vergnügt hättest und ich es hätte hören müssen", meinte sie kichernd. „Das Wichtigste ist: Dass ich dich akzeptiere wie du bist, Sebastian, und ich liebe dich über alles. Okay?" Er nickte und ergab sich in die Umarmung seiner Mutter. Die restlichen zehn Minuten, die sie im Wartezimmer der Klinik zubrachten, saßen sie still auf ihren Stühlen und starrten in die Weite des Wartezimmers.

„Hallo", sagte Fabian leise, als er sich den Wartenden näherte. Beide blickten auf. „Alles ist gut gegangen. Es ist nichts gebrochen. In zwei oder drei Wochen sollten die Schwellungen und Blutergüsse verheilt sein", erklärte er.

Sebastian stand auf und umarmte Fabian. Sie küssten sich auf den Mund und hielten sich im Arm. Einige der wartenden Patienten schüttelten den Kopf über so viel homoerotische Zärtlichkeit. Prüde, prüde Türkei! Gloria strafte die Anwesenden mit einem strengen Blick, stand auf und ging mit ihrem Sohn und seinem Freund nach draußen.

„Ich bin froh, dass keine Schäden zurückbleiben werden. Ich werde dafür sorgen, dass die Verantwortlichen bestraft werden, das könnt ihr mir glauben", führte Sebastians Mutter aus, kurz bevor ihr Handy klingelte. Sie wühlte in ihrer Tasche, zückte daraus das schick eingehüllte Smartphone, fuhr mit ihrem Finger über den Touchscreen und nahm das Gespräch an. „Hallo Walter! Hm ... hm ...", summte Gloria von Zeit zu Zeit als sie dem Gesprächspartner gebannt zuhörte. „Die Anklage wegen Drogenbesitzes gegen die beiden wird fallengelassen? Richtig so! Entschuldigung der Regierung. Hm ... mhm ... Was? Die Ermittlungen werden eingestellt? Walter, das kann nicht dein Ernst sein? Meinem Sohn wurden Drogen untergejubelt, danach wurde er unter unmenschlichen Bedingungen gefangen gehalten und misshandelt. Wir müssen die Verantwortlichen der Justitia vorführen, das ist unsere Pflicht!", wütete sie ins Telefon. „Du weißt, dass hier eine Verletzung der körperlichen und geistigen Freiheit – ungerechtfertigter Weise – erzwungen wurde. Zudem physische und seelische Folter! Ich muss dir sicherlich nicht die Paragrafen aus dem Strafgesetzbuch des Den Hager Gerichts für Menschenrechte zitieren, oder?" Sie schüttelte entschieden den Kopf und beendete das Telefongespräch mit: „Okay, danke Walter. Mach's gut!"

Sebastian hatte genug gehört, er wusste schon, bevor seine Mutter das Gespräch beendete, dass die türkische Regierung nicht mehr weiter ermitteln würde.

„Verdammt noch mal!", fluchte seine Mutter. „Es tut mir leid Jungs. Die türkische Regierung hält es nicht für notwendig, diese Geschichte weiter aufzuklären und den verantwortlichen Drogenring auszuheben. Sie entschuldigen sich offiziell bei euch und werden die Kosten für die Aufenthalte bezahlen. Ansonsten wird nichts geschehen", fasste Gloria das Gespräch mit dem deutschen Generalstaatsanwalt – einem guten Freund von ihr – zusammen. Fabian senkte den Kopf und starrte auf den Boden, während Sebastian immer wütender wurde.

„Man rasiert mir den Kopf, bricht mir den Finger, ertränkt mich beinahe und nun wird nichts unternommen? Das kann doch nicht wahr sein. Das ist ein absoluter Hohn!", schimpfte Sebastian vor sich hin.

„Ich weiß, Baby, und es tut mir auch leid. Ich bin über die höchsten Stellen in der deutschen Rechtsprechung gegangen und das ist die Antwort", verteidigte sie sich.

„Ach Mama, du hast alles getan, was in deiner Macht liegt. Danke. Ohne dich säßen wir noch in dieser Zelle. Ich kann mich nicht damit abfinden, dass diese Typen ungeschoren davon kommen! Ich werde selber recherchieren", stellte Sebastian klar.

„Du wirst nichts dergleichen unternehmen! Es ist viel zu gefährlich. Wir werden morgen nach Hause fliegen! Hast du mich verstanden?", wollte seine erzürnte Mutter wissen, als sie ihm mit ihrem Zeigefinger drohte. „Hast. Du. Mich. Verstanden?" Sebastian nickte und sagte:

„Verstanden, Mama. Morgen reisen wir nach Hause." Er sah zu Fabian und zwischen den beiden gab es eine Art stille, wortlose Übereinkunft – sie würden morgen nicht nach Hause fliegen!

Eigene Nachforschungen

Es war dunkel bis die drei zurück im Hotel waren. Sebastians Mutter verabschiedete sich und ging in ihr Zimmer, um noch ein wenig zu schlafen. Sebastian ging nach oben, in den sechsten Stock zu Fabian, um mit ihm das weitere Vorgehen zu besprechen.

„Was hältst du von dieser Sache?", wollte Sebastian wissen.

„Alles getürkt. Die decken diesen Drogenring und wollen absichtlich nichts unternehmen. Sie hatten Pech, dass sie den Sohn einer UN-Anwältin erwischt haben. Ansonsten wäre das alles nie aufgeflogen", fasste Fabian seine Vermutung zusammen.

„Du hast recht. Ohne meine Mutter säßen wir noch in dieser Zelle und würden von Yildiz gefoltert. Aber: Ich gebe nicht auf!", sagte Sebastian.

„Ich auch nicht. Die haben uns reingelegt und verarscht", bestätigte ihn Fabian, bevor er fragte: „Was können wir tun?"

„Ich sage dir, was wir tun werden: Wir gehen zurück auf den Ägyptischen Basar, in die Marktbude wo alles begann. Wir werden diesen Kerl überführen. Bist du dabei?" Fabian überlegte kurz, nickte und sagte bedrückt:

„Es ist nicht ganz ungefährlich. Wir wissen nicht, was die alles tun werden, um ihr Geheimnis zu wahren!"

„Ich weiß. Wenn wir aber nichts unternehmen, unternimmt niemand etwas und es wird noch vielen anderen gleich ergehen wie uns. Bist du dabei?"

„Ja!" Sebastian fing an sich auszuziehen und grinste Fabian frech an. Dieser begann sich ebenfalls zu entkleiden. Als Fabian es sich in seinem Bett bequem gemacht hatte, kletterte Sebastian über ihn, grinste und fing an, ihn zu küssen. Die beiden konnten einfach nicht genug voneinander kriegen. Wie ausgehungerte Löwen fielen sie übereinander her. Aber für mehr als ein paar Streicheleinheiten, Küsse und Berührungen, reichte es nicht mehr.

Beide waren hundemüde und hatten keine Kraft übrig. Stattdessen kuschelten sie sich in die weichen Laken, hielten sich in den Armen, küssten sich von Zeit zu Zeit und tauschten Körperwärme aus. Es war perfekt und nach einer Weile schliefen beide ein.

Fünf Stunden später schepperte der Handy-Wecker von Fabians Smartphone. Die beiden machten sich für den großen Tag bereit. Sebastian holte seinen Rucksack aus seinem Zimmer, stopfte seine Kleider hinein, schrieb seiner Mutter eine Nachricht, die er auf sein Bett legte und ging zurück nach oben in Fabians Zimmer. In der Nachricht stand: *Liebe Mama, Fabian und ich geben nicht auf und werden diese Schweine überführen. Mach dir keine Sorgen. Wir passen aufeinander auf. Ich liebe dich. Sebastian.*

Die beiden entschieden sich nur ein Gepäckstück mitzunehmen, das man zur Not gut in einem Schließfach deponieren konnte. Sie speicherten in Fabians Smartphone alle wichtigen Nummern – Deutsches Generalkonsulat Istanbul, UN-Vertretung, Krankenhäuser und Polizeinotrufnummern. Nachdem sie sich nochmals innig geküsst hatten, verließen sie das klimatisierte Hotelzimmer und machten sich auf den Weg. An der Rezeption, die zu dieser Zeit nicht stark frequentiert war, saß ein mürrisch dreinblickender Mann. Leise und ohne Aufmerksamkeit zu erregen, gingen sie nach draußen. Sie surften auf Fabians Handy um die Öffnungszeiten des Basars zu erfahren. Acht Uhr an Werktagen. Noch knappe zwei Stunden, um die ersten Vorbereitungen zu treffen.

„Wie hätten sie die Drogen zurückbekommen?", fragte Fabian.

„Was?"

„Seb, überleg doch mal: Sie haben uns die Drogen untergeschmuggelt und wollten, dass wir sie nach Deutschland bringen. Wie hätten sie uns die Drogen wieder abgenommen? Wie wussten die, wem sie die Drogen geben mussten?", führte Fabian seine Vermutungen aus.

„Meine Güte, du hast recht! Die wussten wer wir sind. Warum? Wie? Ach, du Scheiße! Wo hast du übernachtet? Welches war dein Hotel?", wollte Sebastian wissen.

„Ich war im Sultanahmet Youth Hostel. Auf was willst du hinaus?"

„Dort war ich auch. Haben die deinen Pass kopiert, als du eingecheckt hast?", fragte Sebastian gespannt. Fabian wurde bleich im Gesicht und nickte. „Die haben uns verraten. Die hatten ein Bild von uns, unsere Namen, Wohnadressen. Warst du auch im Einzelzimmer? Die haben ja nur zwei." Fabian nickte erneut. „So suchen die ihre Opfer aus", murmelte Sebastian bevor er sich die Hand gegen die Stirn schlug. In diesem Moment wurde ihm alles klar. Das Einzelzimmer, der Pass, die Anschrift. Alles war da, sie mussten nur zugreifen. Und noch etwas anderes fiel ihm ein: „Fabian? Hast du auch einen Gutschein für diesen Markstand bekommen? 50 Prozent Rabatt auf Gewürze und Tees? Bei, wie hieß der Stand noch gleich?", grübelte Sebastian. Nach ein paar ruhigen Sekunden sagte Fabian:

„Turkish Herbs of Delight" Sebastian blickte ihm in die Augen und nickte.

„Ach du heilige Scheiße! Natürlich! Jeder, der das Einzelzimmer bucht, geht später an diese Marktbude, um Gewürze zu kaufen. 50%-Rabatt. Na klar! Gerissen, dass muss man ihnen lassen. Komm, wir passen Gäste vor der Herberge ab und fragen sie nach dem Gutschein", schlug Sebastian vor.

Die beiden drehten ab und gingen in die andere Richtung, weg vom Basar, hin zur Jugendherberge. Die Altstadt von Istanbul, wo auch die Große Moschee und die Basare untergebracht sind, war gut zu Fuß erreichbar. Sebastian wusste, wo sie lang mussten, denn er war die Straßen und Gassen schon ein paar Mal abgelaufen, als er die Sehenswürdigkeiten besuchte. Kurz nach sieben Uhr standen sie vor dem Sultanahmed-Hostel und warteten darauf, dass die ersten Touristen auf die Straßen strömten. Lange mussten sie nicht warten, bis eine junge, blonde Frau aus dem Gebäude trat. Sie war bewaffnet mit Handtasche und Fotokamera.

„Hey, hallo? Warte einen Moment!", rief ihr Sebastian hinterher. Sie blieb stehen, drehte sich um und setzte ein süßes Lächeln auf.

„Hey boys! Was geht?"

„Wir wollen dir eine Frage stellen. Hast du auch einen Prozentcoupon für den „Turkish Herbs of Delight" bekommen?" Sie schaute verdattert drein und schüttelte den Kopf.

„Nein, leider nicht. Verteilt die das Hotel?", wollte sie wissen.

„Ja, die gibt's im Hotel. Aber macht nichts, sind sowieso minderwertige Produkte, die dort verkauft werden. Danke. Tschüss", antwortete Fabian.

Die junge Frau wünschte ihnen einen schönen Tag und ging davon. Kurze Zeit später kam ein Grüppchen von Männern und Frauen auf die Straße, um in den noch jungen Tag zu starten. Auch diese hatten keinen Gutschein für den besagten Markstand erhalten. Entmutigt wollte Sebastian die Mission abbrechen, als ein dunkelhäutiger Mann auf die Straße trat. Fabian signalisierte, dass er noch einen Versuch unternehmen wolle und ging auf den Mann zu.

„Hey, guten Morgen. Kann ich dir eine Frage stellen?" Der Mann nickte und setze ein Lächeln auf. „Du wohnst hier im Hostel?" Der Mann nickte erneut. „Hast du einen Gutschein für „Turkish Herbs of Delight" erhalten?", fragte Fabian ungeduldig.

„Woher wisst ihr das? Ich war gestern dort. Die haben tolle Waren, haben mir jeden Cent aus der Tasche gezogen", sagte der junge Mann ein wenig verdattert.

„Das klingt jetzt komisch, aber wir denken, dass dir Drogen untergejubelt wurden. Hast du die Gewürze auf deinem Zimmer? Du wohnst im Einzelzimmer, oder?", fragte Sebastian. Der Mann nickte erneut. Auf seinem Gesicht zeigte sich zum einen Unverständnis, zum anderen Neugierde.

„Können wir die Gewürze sehen?", wollte Fabian wissen.

„Drogen? Ihr verarscht mich, oder?", wollte der Mann wissen. Fabian und Sebastian verneinten gleichzeitig. „Das kann nicht sein! Wartet einen Moment, ich hole das Zeug mal", sagte er, bevor er kopfschüttelnd wieder im Haus verschwand. Drei Minuten später kam er zurück und brachte seine gekauften Gewürze mit. Die drei verzogen sich in eine Nebengasse und legten die Säckchen auf den Boden. Sebastian drückte auf den Paketen herum, um das verdächtigste und schwerste auszumachen. Er nahm sein Schweizer Taschenmesser hervor und schnitt das vakuumierte Tütchen auf. Unter dem Paprikapulver war ein weiteres, verschlossenes Beutelchen versteckt. „Ach du Scheiße!", rief der junge Mann erschrocken, als er das weiße Pulver sah, das in seinen Gewürzen versteckt war. „Was tun wir jetzt?", wollte er panisch wissen.

„Von wem hast du den Gutschein bekommen?", wollte Sebastian wissen.

„Der Typ, bei dem ich eingecheckt habe, heißt Ismail. Er hat mir den Gutschein gegeben."

„Ismail? Ich habe auch bei ihm eingecheckt", stellte Sebastian klar und auch Fabian nickte, als er den Namen hörte.

„Der Basar öffnet gleich. Wann fliegst du nach Hause?", wollte Fabian vom Studenten wissen.

„In drei Tagen."

„Tust du uns einen Gefallen? Verstau die Drogen in deinem Zimmer und frage bei der Person, die im anderen Einzelzimmer wohnt, ob sie auch einen Gutschein erhalten hat. Tust du das? Wir gehen auf den Basar und besuchen den Markthändler", sagte Sebastian. Der Student nickte und sagte:

„Ich bin Cédric." Fabian und Sebastian stellten sich ebenfalls vor, als Cédric plötzlich rief: „Das ist sie. Sie hat das Zimmer im oberen Stock, sie hatte vor mir eingecheckt, darum weiß ich, dass sie das Einzelzimmer hat." Er zeigte auf eine junge Brünette.

Um acht Uhr und fünfzehn Minuten standen Sebastian, Fabian, Cédric und Stefanie vor dem Ägyptischen Basar. Stefanie – die brünette Studentin, die das andere Einzelzimmer gebucht hatte – bestätigte den Verdacht und hatte eingewilligt, den Händlern eine Falle zu stellen, um zu beweisen was Sebastian und Fabian vermuteten. Sie machten einen Treffpunkt aus, falls etwas schiefgehen würde. Sie tauschten auch ihre Handynummern aus, um auf alles vorbereitet zu sein. Sebastian setzte sich in ein Café, was sich in der Nähe von „Turkish Herbs of Delight" befand, um so das Treiben an diesem Marktstand beobachten zu können. Fabian shoppte durch die anliegenden Stände um mitzuhören, was gesprochen wurde und Cédric ging mit Stefanie zum Händler, um den Gutschein einzulösen. Sie wurden freudig empfangen, von einem gut gelaunten türkischen Verkäufer, der ihnen lächelnd Gewürze und Tees zum Probieren offerierte. Als sie ihm den Gutschein zeigten, rümpfte er die Nase, zog sich zurück und holte einen Kollegen.

„Hallo Freunde! Mein Name Hüseyin. Ihr mich nennen Hüs. Was ich kann tun für euch?", fragte der Ersatzverkäufer. Sebastian zuckte zusammen: Bei diesem Mann hatte er vor einer Woche die Gewürze gekauft!

„Hüs", sagte er leise flüsternd.

Hüseyin war indes damit beschäftigt die deutschen Besucher zum Kauf seiner Waren zu bewegen.

„Wir haben viel gut Gewürz hier. Was wollt ihr, Freunde? Tee oder Gewürz? Ich geben zum Probieren", sagte er, als er Stefanie auf der vollgestopften Verkaufsfläche herumführte.

Jeder Marktstand war ein fester Bestandteil des Gebäudes. Die Buden waren fix an einen Ort gebaut und mit Wänden von den angrenzenden Ständen abgetrennt. Hüseyin verkaufte Süßigkeiten, Gewürze, Tees, getrocknete Früchte und Souvenirs. Die edlen Gewürzpulver lagerten in durchsichtigen Plastikbehältern auf einem Holzgestell. Die Düfte, die verströmt wurden, waren so intensiv, dass das Atmen schwerfiel. An der Decke baumelten zig osmanische Öllämpchen, die mit farbenfrohen Dekorationen verziert waren. Stefanie entschied sich für Paprika und Jasmintee. Der Verkäufer bedankte sich, reichte beiden Leckereien zum Verkosten und begann die gewünschte Menge in Beutel zu wiegen. Ein anderer Händler kam dazu und führte die beiden Touristen nach vorne, um ihnen die Süßigkeiten zu verkaufen, die sie gerade probiert hatten. Cédric entfernte sich vom Verkaufsgespräch und suchte Verkäufer Hüseyin, der wie vom Erdboden verschluckt war. Als er in die Nähe des Vorhangs kam, der den hinteren Teil der Verkaufsfläche abtrennte, kam Hüs gerade aus dem Hinterzimmer mit den vakuumierten Gewürz- und Teesäckchen. Er blickte Cédric direkt in die Augen und runzelte die Stirn.

„Hallo mein Freund. Ungeduldig? Waren du nicht gestern hier?", fragte er misstrauisch.

„Ja. Ich habe meiner Freundin von diesem Stand vorgeschwärmt und jetzt ist sie hier. Gut, oder?", log Cédric geschickt. Die Mine des Verkäufers erhellte sich wieder, als er auf Cédrics Schulter klopfte und sagte:

„Sehr gut, mein Freund. Danke. Ihr bekommt 55%-Rabatt. Einverstanden?" Hüseyin ging zusammen mit Cédric nach vorne, um Stefanie ihre Gewürze zu überreichen. „Schönes Fräulein? Hier Gewürz und Tee. Kosten 25 Euro. Du bezahlen in Euro, oder?" Stefanie nickte und steckte dem Verkäufer die Scheine zu. Sie verabschiedeten sich, bekamen noch ein getrocknetes Kiwi-Ringlein und gingen davon. Der Basar war so früh am Morgen noch nicht allzu belebt, was sich bald ändern würde. Stefanie und Cédric schlenderten noch eine Weile durch den Basar, um sich am vereinbarten Treffpunkt mit Sebastian und Fabian zu treffen.

„Los! Schlitz das Paket auf!", verlangte Sebastian von Fabian. Dieser nahm das Taschenmesser und öffnete das vakuumierte Tütchen mit Jasmintee. Er wühlte eine Weile in den Teeblättern bevor er sagte:

„Nichts." Er nahm den Paprika-Beutel und schnitt ihn auf, um kurze Zeit später ein eingeschweißtes Plastiksäckchen mit weißem

Pulver zu präsentieren. Die vier starrten mit großen Augen auf die weiße Substanz und schüttelten die Köpfe.

„Was für ein abartiges Spiel wird hier gespielt?", wollte Stefanie entrüstet wissen. Sie hatte sämtliche Farbe verloren und glich einem weißen Laken.

„Wir haben's euch gesagt!", verteidigte sich Sebastian. Die vier setzten sich in ein Café an der Straßenecke und besprachen, wie es weitergehen würde.

„Ich will damit nichts zu tun haben! Habt ihr gehört? Ich werde zur Polizei gehen", stellte Stefanie klar.

„Steffi, bitte! Wir müssen diese Schurken dingfest machen. Wir haben euch erzählt, was man mit uns im Gefängnis gemacht hat", verteidigte sich Fabian.

„Genau und darum will ich da nicht mit reingezogen werden. Verstanden?", damit stand sie auf. Die drei Männer erhoben sich und Sebastian sagte:

„Gib uns zwei Tage Zeit. Okay? Dann kannst du zur Polizei gehen. In der Zwischenzeit muss es so aussehen, als wäre alles normal. Bitte, tust du das für uns? Wir müssen wissen, wie man die Pakete durch den Zoll schmuggeln kann. Ich nehme an, dass es ein Fehler im System war, dass wir aufgeflogen sind. Das hätte nicht passieren dürfen. Wir müssen die ganze Kette aufdecken. Mit Namen."

„Zwei Tage!", sagte Stefanie, als sie sich umdrehte und Richtung Jugendherberge marschierte.

„Ich gehe auch zurück. Muss mir überlegen, was ich tun will. Okay? Hier, nehmt dieses Zeug! Ich will damit nicht in Verbindung gebracht werden", sagte Cédric, als er sich verabschiedete und davonging.

Es war klar, dass die beiden absolut schockiert waren und kein Risiko eingehen wollten. Sie hatten eine andere Ausgangslage als Sebastian und Fabian, die auf Rache und Vergeltung aus waren.

„Wie sollen wir vorgehen?", fragte Sebastian. In diesem Moment klingelte Fabians Telefon. Er blickte stirnrunzelnd auf das Display, zuckte mit den Schultern und nahm das Gespräch an:

„Fabian Krause."

„Fabian? Gott sei Dank! Wo seid ihr? Ich mache mir Sorgen. Geht es Sebastian gut?", wollte eine aufgeregte Frauenstimme wissen.

„Gloria", sagte Fabian. Sebastians Augen wurden groß und sein Gesicht bleich. Er schüttelte vehement den Kopf und machte mit seinen Händen verneinende Bewegungen. „Es geht ihm gut, er steht neben mir. Wir konnten herausfinden, dass ein Hotelangestellter und ein Verkäufer am Basar unter einer Decke stecken. Es hat mit den zwei Einzelzimmern im Hostel zu tun", führte Fabian aus, bevor er ruhig wurde und zuhörte. „Nein, Gloria. Wir kommen nicht zurück. Wir wollen Gerechtigkeit und für diese Gerechtigkeit werden wir kämpfen. Es geht uns gut. Okay?", sagte Fabian, bevor er aufs Display drückte und Gloria Pola abwürgte. „Puh. Sie ist sauer. Stinkwütend. Sie will, dass wir zurückkommen. Sie wird den Fall weiterziehen. Wir sollen zurückkommen."

„Auf keinen Fall", sagte Sebastian. „Ich schlage vor, dass wir Hüs beobachten und sehen, woher er die Drogen bezieht. Dann überzeugen wir Steffi herauszufinden, wer am Flughafen mit den Dealern zusammenarbeitet."

Die beiden mieteten in einem kleinen Hotel, einer Pension unweit des Ägyptischen Basars, ein Doppelzimmer. Im Zimmersafe deponierten sie Cédrics und Stefanies Drogen. Es war mittlerweile Mittag und die Sonne prallte mit voller Wucht auf die Stadt am Marmarameer. In den Häuserschluchten und den Gassen staute sich die Hitze und Ventilatoren und Klimaanlagen erhitzten die Außenwelt zusätzlich, während im Inneren der Gebäude eine unangenehme Kälte herrschte. Die zwei zogen sich um und machten sich für den Nachmittag bereit. Der Basar war hektisch und belebt, die Hitze drückend. Und obwohl überall Ventilatoren im Einsatz waren, konnte das stickige Klima nicht merklich verbessert werden. Hüs war immer noch damit beschäftigt, die Kundinnen und Kunden in seinem Laden zu umgarnen. Touristen wurden im Vorbeigehen aufgehalten und hinein gelotst. Sebastian saß im Café und Fabian war in den umliegenden Marktständen am Observieren. Drei Stunden später verließ Hüseyin seinen Laden und ging zum Ausgang.

Fabian und Sebastian folgten ihm unauffällig.

Der umtriebige Drogendealer quatschte im Vorbeigehen mit seinen Kollegen auf dem Markt, Touristen und dem Sicherheitspersonal. Er verließ den Basar auf der Nordseite und ging nach Westen in Richtung der Großen Moschee, wie Sebastian vermutete.

Draußen war es drückend heiß, doch Hüs lief im Stechschritt die steilen Straßen hinauf. Der Dealer drehte sich nie um und lief immer schneller den Hang hinauf, als ob er es eilig hätte. In der Ferne wurden die beeindruckenden Kuppeln der Hagia Sofia und der Großen Moschee sichtbar. Hüseyin blieb stehen und reihte sich in eine Warteschlange ein. Auf einem Schild stand: „Cisterna Basilica".

Die spätantike Zisterne diente früher als Wasserspeicher und ist heute eine vielbesuchte Touristenattraktion. In der majestätischen Halle, die mit 336 Säulen gespickt ist, gibt es Platz für 80.000 Kubikmeter Wasser.

Sebastian hatte während seines Besuchs leider keine Zeit gehabt, sich die Zisterne anzusehen. Er freute sich ein wenig, dass er die Gelegenheit noch bekam. Ein paar wenige, ganz abgebrühte Touristen standen in dieser Gluthitze der Mittagssonne, um in die kühlen Tiefen des stillgelegten Wasserreservoirs hinunterzusteigen. Vor Sebastian und Fabian warteten noch eine englische Großfamilie und zwei türkische Männer auf den Einlass. Hüs stand in der Schlange und wurde immer nervöser. Er wippte hin und her, war unruhig und zappelig. Fabian drehte sich plötzlich zu Sebastian um und sah ihn komisch an.

„Was ist?", flüsterte Sebastian.

„Dein Kopf. Ich denke nicht, dass es gut ist, wenn du hier in der prallen Sonne mit deiner Glatze stehst!", meinte Fabian, als er auf Sebastians Kopf deutete. In der Tat war es diesem in den letzten Minuten ganz schön heiß geworden.

„Mach dir keine Gedanken!", gab er ein wenig entnervt zurück. Zum einen wollte Fabian ihn beschützen, zum anderen machte er ihn auf seinen haarlosen Skalp aufmerksam, was Sebastian nervte.

Endlich!

Die Türen öffneten sich und zwei Museumsangestellte ließen die nächsten acht Personen in die Katakomben steigen. Hüs war der erste, die englische Familie, die Türken und die beiden Schnüffler die nächsten.

„Wir verfolgen ihn und sehen mit wem er sich trifft", sagte Sebastian flüsternd. Ein Schwall kalter Luft begrüßte sie, als sie unten ankamen. Die rätselhaft wirkende Halle war gigantisch und ein wenig unheimlich. Die vielen Scheinwerfer hüllten die bogenartige Konstruktion in ein mysteriöses Licht. Ein atemberaubendes Spektakel. Touristen wuselten über die Holzplanken, schossen Fotos, posierten und unterhielten sich. Zudem ertönte klassische Musik über Lautsprecher. Die Planken überspannten das Wasser, das ungefähr einen halben Meter hoch stand. Hüseyin ging durch die Halle in den hinteren, weniger stark besuchten Teil der Zisterne und begrüßte eine Frau. Sie unterhielten sich einen Moment, um weiter in die Katakomben vorzudringen.

„Ich gehe in ihre Nähe. Du könntest dich dort drüben postieren und versuchen zu hören, was sie besprechen. Okay?", schlug Fabian vor. Sebastian nickte und ging zur angedeuteten Stelle. Eine Sackgasse.

„Verdammt", fluchte er. Von hier hatte man einen tollen Ausblick auf die gesamte Zisterne und die Gangster, also entschied er sich, hier zu bleiben und das Treiben zu beobachten.

Fabian postierte sich in der Nähe der beiden und knipste auf seinem Fotoapparat herum. Er konnte das Gespräch einigermaßen gut hören.

„Verdammt! Du solltest doch durchwinken beide. Bilder habe ich gemailt. Jetzt ist Kacke am Dampfen. 300 Gramm Koks weg und die Mutter von die ist Anwältin bei Vereinte Nationen!", hörte man Hüseyin schimpfen. Wahrscheinlich sprachen sie auf Deutsch, um bei den türkischen Sicherheitskräften, die allgegenwärtig waren, nicht aufzufallen.

„Ich habe dir gesagt, dass mich mein Chef vom Scanner weghaben wollte. Ich konnte ihm nicht widersprechen, sonst hätte ich meinen Job verloren und unsere Kette wäre auseinander gebrochen. Genau in diesem Moment, als er sich an die Maschine setzte, kam der eine durch. Zehn Minuten später der zweite. Was hätte ich tun sollen, Hüs? Was?", fragte sie sichtlich genervt. Sie klang angespannt. Sebastian konnte von seinem Standort aus kein einziges Wort verstehen. Aber im gedämpften Licht der Scheinwerfer konnte er die Frau erkennen, die mit Hüseyin sprach. Er öffnete entsetzt die Augen und zog die Luft scharf in seine Lungen. Das Geräusch, das er ausstieß, hallte durch die Säulen der Zisterne. Bevor sich die Frau zu ihm umdrehen konnte, verschwand er hinter einer Marmorsäule.

„Stay where you are, Sir!", hatte sie ihm gesagt, als der Gepäckscanner am Flughafen den Warnton ausstieß.

„Verdammte Scheiße", sagte er leise, bevor er sich zurückzog. Langsam ging er durch die Säulenhalle in Richtung Ausgang. Er war geschockt von dem, was er herausgefunden hatte. Sie hatten bereits Ismail, den Concierge aus dem Jugendhotel, Hüseyin aus dem Basar und die Flugsicherheitsbeamtin vom Flughafen Atatürk identifizieren können. Geistesabwesend schlenderte er über die leicht nassen Holzbretter, als er gegen jemanden stieß. Ein harter, muskulöser Körper hinderte ihn am Weitergehen. Er blickte auf, trat erschrocken zurück und riss die Augen weit auf.

„Hallo Drogen-Tunte! Wie geht's deinem Finger?", wollte eine altbekannte, tiefe Männerstimme wissen, als er mit seinem stoppeligem Kinn zynisch in die Richtung von Sebastians Finger deutete.

„Yildiz! Verdammte Scheiße! Was tun Sie hier?", keuchte Sebastian erschrocken, während er einen Schritt zurücktrat. Sofort schossen ihm die Bilder von der Zelle, die Schmerzen und die Scham durch den Kopf. Seine Laune verfinsterte sich.

„Das Gleiche könnte ich dich fragen. Wieder am Drogendealen?"

„Nein! War ich noch nie und werde ich nie. Wir wollen diejenigen überführen, die uns reingelegt haben", führte Sebastian aus.

„Wir?", fragte der Gefängniswärter hellhörig. Sebastian nickte, blieb aber stumm. „Ah! Dein Zellengenosse? Wie süß. Seid ihr jetzt ein Paar? Ein schwules Pärchen in Istanbul? Herzallerliebst!", spöttelte der Wärter abschätzig. „Ist euch bewusst, in was für eine Gefahr ihr euch begebt?"

„Gefährlicher als in Ihrer Zelle ist das hier wohl kaum. Oder, Yildiz?", konterte Sebastian scharf. Dieser lächelte – beinahe stolz – und nickte mit dem Kopf. Dann packte er Sebastian am T-Shirt, zog ihn zu sich und flüsterte in sein Ohr:

„Und jetzt wirst du mir alles erzählen, was du weißt. Hast du verstanden, du Arschficker?", forderte er. Sebastian trat instinktiv einen Schritt zurück, legte sein ganzes Gewicht in seine Arme und schubste Yildiz fest nach hinten, riss sich los und sprintete davon, um zu Fabian zu rennen. Yildiz taumelte über die Planken und fiel ins Wasser. Ein lauter Platscher gefolgt von Flüchen, war zu hören. Sicherheitsleute kamen angelaufen und brüllten Yildiz auf Türkisch an. Sebastian war stolz darauf, dass er den brutalen Gefängniswärter überraschen und sich losreißen konnte.

Er sprintete in den hinteren Teil der Zisterne, wo kurz zuvor Fabian mit den Gangstern gestanden hatte. *Wo ist Fabian?*, dachte er, als er die nassen Holzschindeln überquerte, stehen blieb und den Ort hektisch absuchte. Sein Herz rutschte ihm in die Hose, als er Fabian nirgends erspähen konnte.

Dann sah er ihn.

Ganz hinten in der Zisterne. Er stand neben Hüs und der Security-Braut, gab das Unschuldslamm, knipste Fotos und hatte die Ohren gespitzt.

„Ich bin stolz auf dich", murmelte er kaum hörbar vor sich hin. Bevor er nach Fabian rufen konnte, spürte er, wie ihn etwas im Nacken traf. Es tat weh. Sebastian klappte zusammen und prallte auf den harten Boden. Das letzte was er spürte, war Wasser, das von der Tropfsteinhöhlendecke heruntertropfte und auf seiner Stirn landete.

Schwärze.

TADE

„Aufwachen! Sebastian? Aufwachen!", hörte er Fabians Stimme flüstern. Eine bekannte Stimme, die er mit schönen Stunden, starker Anziehungskraft und Gefühlen verband. Die Stimme klang verängstigt. Als er seine Augen aufschlug und sein Blick langsam klarer wurde, blickte er in die graublauen Augen seines Geliebten.

„W-was ist passiert?", hustete er.

„Unser Freund hier –" Fabian zeigte auf die andere Person, die im Raum stand „– hat dich k. o. geschlagen, weil er dachte, dass du ihn auffliegen lassen würdest." Sebastian blinzelte ein paar Mal, bevor die andere Person fokussieren konnte.

„Yildiz! Was zum Teufel tun Sie hier? Fabian, warum hast du ihn hierhergebracht?", wollte Sebastian wissen.

„Er hat mir eine Geschichte erzählt, die mich umgestimmt hat. Zudem brauchte ich Hilfe, um deinen bewusstlosen Körper hierher zu schleppen", führte Fabian aus. Sebastian verstand die Welt nicht mehr. Sein Peiniger war hier, in seinem Hotelzimmer. Yildiz war hier.

„Wie geht's dir, Drogen-Tunte?", wollte der Gefängniswärter wissen. „Alles klar in deinem kahlrasierten Köpfchen, Tucke?"

„Was interessiert Sie das? Sie sind der Grund, dass mein Schädel dröhnt. Was soll diese Scheiße?", zeterte Sebastian wutentbrannt. Er konnte nicht verstehen, was hier gespielt wurde und konnte nicht fassen, dass Fabian diesen Bastard hierhergebracht hatte. Er schaute – abwechselnd – beide Männer an und wartete gespannt auf eine Erklärung.

***

„Muhammad, hier sprechen Hüs. Ich habe Fatma getroffen und unterhalten mich. Sie sauber. Es war verdammte Zufall, dass Chef übernahm", fasste Hüseyin sein Gespräch mit der Sicherheitsbeamtin zusammen. „Ich glauben ihr."

„Wenn du es sagst. Wichtig ist, dass unsere Kette nicht gefährdet ist. Diese 300 Gramm haben einen Wert von 8.000 Euro. Kein Weltuntergang also. Aber so etwas darf nicht wieder passieren. Hast du verstanden?", wollte Muhammad streng wissen.

„Es nicht wieder vorkommen. Wir noch Cédric und Stefanie offen und in zwei Tagen kommen neue deutsche Touristen, für mit Stoff versorgen", versicherte ihm Hüseyin.

„Gut. Passt aber auf! Ich werde das Gefühl nicht los, dass wir das Ganze noch nicht ausgestanden haben", empfahl Muhammad seinem Komplizen.

***

Yildiz setzte sich zu Sebastian aufs Bett, sah ihm in die Augen und sagte: „Ich bin Agent der türkischen Anti-Drogen-Einheit, kurz TADE. Als man mich informiert hatte, dass zwei Drogenkuriere aufgeflogen sind, habe ich euch zu mir verlegen lassen. Ich dachte, ihr gehört zum Drogenkartell, weshalb ich euch sagen wir mal ‚etwas strenger' angefasst habe. Ich wollte Informationen. Es war ein Fehler, wie sich herausstellte. Ihr seid ‚zufällig' ausgewählt worden und konntet mir nichts über die Bande sagen. Aber eure heutigen Spionageaktion hat meinen Fortschritt in diesem Fall gefährdet, weshalb ich eingreifen musste", führte der vermeintliche Gefängniswärter aus.

„Was? Was sagen Sie da? Türkische Anti-Drogen-Einheit? Ist das ein Witz?", wollte Sebastian entrüstet wissen.

„Bitte beruhige dich! Er will uns helfen. Hör ihm einfach zu!", sagte Fabian in einem strengen Ton. Yildiz zeigte ihm seinen Ausweis.

„Ich bin Spezialagent bei TADE. Wir verfolgen die Machenschaften dieses Drogenrings schon lange, konnten aber bislang noch keine Verhaftungen vornehmen. Zu wenig Beweise! Ihr seid zwischen die Fronten geraten. Sorry, aber so ist nun mal das Geschäft", führte der Agent aus.

„Wir haben an einem Tag Beschattung drei Personen aus dem Drogenring enttarnt und du hast nichts zustande gebracht? Das finde ich äußerst merkwürdig", spottete Sebastian. Yildiz kniff die Augen zusammen und kam näher, bis Sebastian seinen Atem auf seiner Haut spüren konnte. Yildiz schien mit Kritik und sarkastischen Sprüchen nicht gut umgehen zu können. Neben ihm hörte Sebastian, wie Fabian die Luft einsog und sich anspannte. Wahrscheinlich dachte er, dass Sebastian gleich wieder eine Tracht Prügel kassieren würde.

„Treib's nicht zu weit, Bürschchen! Hast du gehört? Ihr habt gerade mal an der Oberfläche gekratzt. Wir brauchen den Dealer, den Zulieferer, den Kopf dieser Bande! Diese Namen, die ihr habt, nützen uns rein gar nichts, wenn wir den Zulieferer nicht überführen können. Wie sind die Nachnamen dieser Personen? Hä? Wie? Kennt ihr die Adressen?" Beide Männer schüttelten den Kopf um ihr Unwissen auszudrücken. Der Agent fuhr fort: „Wisst ihr eigentlich, wie viele Personen in Istanbul ‚Hüseyin' heißen? Jeder Zehnte! Also: Ihr haltet euch aus diesem Fall raus! Verstanden? Fliegt nach Hause und lasst die Profis die Arbeit machen!", forderte Yildiz in strenger militärischer Manier. „Wir treffen uns morgen um zehn Uhr in meinem Büro bei der TADE. Ich habe auch Stefanie und Cédric dazu eingeladen. Die Adresse habe ich euch aufgeschrieben. Es gibt eine kurze Lagebesprechung bevor ihr alle nach Hause fliegt. Seid pünktlich ihr zwei!", stellte der Agent klar, bevor er aufstand, kurz nickte und das Zimmer verließ. Die dünne Holztür fiel klappernd ins Schloss.

„Was denkst du?", fragte Fabian.

„Ich denke, dass dieser Typ mit denen unter einer Decke steckt, dass wir ihm nicht trauen dürfen. Was hast du gehört, als du die beiden Schurken belauscht hast?", wollte Sebastian wissen.

„Nicht viel. Sie hätte eigentlich den Scanner bedienen sollen und hätte unsere Gepäckstücke durchgewunken. Aber ihr Chef hat die Aufsicht übernommen, weshalb wir aufgeflogen sind. Hüs war sauer, weil Fatma versagt hatte. Sie müssen weitermachen, weil Muhammad Druck macht", fasste Fabian das Gehörte zusammen.

„Muhammad? Ist das der Zulieferer? Der Kopf der Bande?"

„Vielleicht. Ich weiß es nicht. Ich habe das, was ich gehört habe, auch Erkan gesagt. Er wird die Sache regeln und will, dass wir uns raushalten", sagte Fabian.

„Erkan?" Fabian nickte und sagte kleinlaut:

„Erkan Yildiz."

Sebastian schüttelte den Kopf, kommentierte diese Du-Sache aber nicht weiter. *Was denkt der sich? Erkan? Den Tyrannen duzen? Pah! Ein Witz*, dachte Sebastian. Plötzlich stand er auf, blickte Fabian in die Augen und sagte: „Ich werde nicht aufgeben. Jetzt, wo wir so weit gekommen sind. Wir könnten den deutschen Behörden Bilder und Namen zu den Personen liefern und so das gesamte Kartell überführen. Wir könnten uns an Yildiz und diesen Typen rächen." Fabian stand ebenfalls auf, stellte sich neben Sebastian, nahm sein Gesicht in seine Hände, küsste ihn auf die Wange und flüsterte ihm ins Ohr:

„Es ist zu gefährlich. Lass die Profis ihre Arbeit tun und komm mit mir nach Hause." Er küsste Sebastian auf den Mund, um ihn zum Schweigen zu bringen und um ihn abzulenken. Zuerst ganz zögerlich und sanft, doch der Kuss wurde rasch feuriger und vereinnahmte sämtliche Sinne der beiden Männer. Sebastian vergaß tatsächlich den Plan, den er geschmiedet hatte, seinen Hass und seine verletzte Seele und gab sich seinem Liebhaber hin.

Fabian drang mit seiner feuchtwarmen Zunge in Sebastians Mundhöhle ein, rangelte mit dessen Zunge, umspielte sie zärtlich und dennoch fordernd. Sie küssten sich erst spielerisch, dann immer intensiver, bis beiden das Amten schwerfiel. Fabian presste seinen harten Penis an Sebastians Becken, rieb sich an dem schmächtigen aber dennoch festen Körper, fühlte ihn durch den Stoff der Hose. Er begann Sebastians Hals zu küssen, während er ihm das

T-Shirt über den Kopf zog, daran zerrte und Sebastian schließlich aus dem überflüssigen Teil schälte. Sofort widmete er sich den empfindlichen Brustwarzen. Er knabberte, leckte und saugte, bis sich Sebastian nicht mehr auf seinen Beinen halten konnte.

Er flehte, fluchte und zitterte.

Fabian genoss die Macht, die er über Sebastian hatte, lauschte den wimmernden Lauten, fühlte die Zuckungen, die seinen Körper durchfluteten und roch den Duft, den er verströmte. Mit einer geschickten Bewegung legte er Sebastian auf die Matratze. Er berührte ihn überall, erkundete die warme Haut, die ihn dermaßen anzog, dass er nicht wusste, wie er seinem Liebhaber noch länger wiederstehen konnte. In diesem hageren Köper brannte eine Flamme, die so stark war, dass sich Fabian beinahe an der glühenden Haut verbrannt hätte.

So erotisch, so sinnlich.

Seine langen, zierlichen Glieder, seine Hühnerbrust und sein flacher Bauch. Fabian half Sebastian aus den restlichen Klamotten und entkleidete sich dann selbst. Inzwischen hatte sich Sebastian auf den Bauch gelegt und präsentierte seine leckere Rückseite. Lange Beine, runde, samtige Backen, ein schlanker Rücken. Mit einem zustimmenden Stöhnen legte sich Fabian auf Sebastian und versenkte seine Nase in dessen Halsbeuge, um seinen Geruch einzuatmen. Salzig, süß und herb. Mit seinen Händen erkundete er Sebastians geschorenen Kopf und keuchte erregt:

„Es wächst ja schon wieder. Ich find's geil!"

Sebastian empfand die sinnlichen Berührungen an seinem kahlrasierten Schädel als erregend. Bisher hatte sich das noch niemand getraut. Seine Verflossenen wussten, dass ihnen die Hand abgehackt würde, wenn sie in Sebastians perfekter Frisur herumwuscheln würden. Aber jetzt hatte er ja keine Haare mehr und die Berührungen auf seinem Skalp schossen direkt in seine Lenden. Er presste seinen Hintern weiter an Fabians Glied – das mittlerweile zwischen den beiden Backen lag – und rieb sich daran. Sebastian spürte, wie Fabian ihn wollte. Aber irgendetwas schien ihn zurückzuhalten.

„Ich habe Kondome eingepackt", stellte Sebastian erregt klar. Fabian verkrampfte sich merklich.

„F-für – für was brauchen wir die?", stammelte er. Sebastian drehte seinen Kopf und Oberkörper so weit nach hinten, dass er Fabians entsetzten Gesichtsausdruck sehen konnte. Mit einem Mal war die angestaute Erotik aus Fabians Blick gewichen. Er wirkte ängstlich und – beinahe scheu?

„Ist das dein Ernst? Ich will dich in mir spüren!" In Fabians Augen war ein unterschwelliges Verlangen, ein Begehren zu sehen und doch schien ihn etwas daran zu hindern, sich der Gier hinzugeben.

„Ich – ich will dir nicht wehtun. Du weißt ja, ich bin nicht gerade klein – und – und ich – ich ha-habe noch nie – ", brachte er verlegen hervor.

„Oh, Fabian!", gab Sebastian ein wenig perplex von sich. „Es tut mir leid. Ich wollte dich doch nicht drängen!" Er berührte Fabians Wangen, küsste ihn zärtlich auf den Mund und flüsterte: „Mach dir keine Sorgen! Wir haben Zeit. Wenn du bereit bist, bin ich es auch. Es muss nicht heute – " Er wurde von Fabian unterbrochen, der ihn fordernd küsste.

„Wenn du willst, probieren wir es. Aber nochmals: Ich habe Angst, dir wehzutun", sagte Fabian, als er sich vom Kuss löste. Sebastian blickte ihm tief in seine graublauen Augen, grinste und sagte:

„Du weißt doch mittlerweile, dass ich auf große Geräte stehe. Wenn wir es langsam angehen lassen, klappt das schon. Bist du überhaupt aktiv oder lieber passiv?", fragte er zwinkernd. Fabian sagte:

„In meiner Fantasie bin ich der dominante, aktive Partner. Außerdem macht mich der Gedanke heiß, wie ich tief in dich stoße. Ist das okay für dich?"

„Worauf du meinen Arsch verwetten kannst. Wo sind wir stehen geblieben?", neckte Sebastian ihn, als er Fabian bestieg und ihn mit Küssen überhäufe. Fabian stöhnte und drückte sich an Sebastians Körper. Der Gedanke an Fabians großes, steinhartes Glied, wie sie sich vereinen würden, machte Sebastian ganz gierig. Er schnellte hoch, kramte Kondome und das Gleitgel aus dem Rucksack und kam zu Fabian zurück, der mittlerweile seinen Penis streichelte. Das Teil war wirklich riesig, was Sebastians Hintern vor Erwartung zucken ließ. Er platzierte sich über Fabian, öffnete die Gleitgeltube und fing an, sich selber zu berühren. Der erste Kontakt mit dem kühlen Gel, ließ ihn keuchen. Fabian schenkte ihm ein scheues Lächeln. „Bist du wirklich bereit dafür?", wollte Sebastian wissen, als er seinen ersten Finger in seine Enge einführte.

„Ja. Ich will – Lass mich mal, ich helfe dir", meinte er, als er seinen Zeigfinger an Sebastians Eingang führte. Das verteilte Gel war mittlerweile warm und enorm glitschig. Zögerlich erkundete er Sebastians Eingang und stöhnte, als er Sebastians Zeigefinger ertastete, den er tief in sich versenkt hatte, um sich vorzubereiten. Zögerlich drang er in Sebastian ein und genoss das Gefühl.

Es war eng, feucht und warm.

Er rangelte mit Sebastians Finger, um den empfindlichen Muskelring weiter zu dehnen. Plötzlich streifte er über einen Punkt in Sebastians Hintern, der ihn zum Beben brachte. Er zitterte und stöhnte langgezogen. Noch so ein sensibler Punkt! Fabian grinste freudig, während er sich das Kondom überzog und ebenfalls etwas Gleitgel darauf verteilte.

„Da kann es aber jemand kaum erwarten, was?", witzelte Sebastian grinsend. Fabian quittierte das mit einem Schulterzucken und einem herzzerreißenden Lächeln. „Bist du bereit?"

„Ich – ich denke schon. Werde ich dir auch sicher nicht wehtun?"

„Lass mir einfach ein bisschen Zeit, mich an dein Kaliber zu gewöhnen, dann geht es schon."

Fabian sah dabei zu, wie Sebastian den Finger aus seinem Hintern zog und das steife Glied positionierte. In ein paar Sekunden würde er eins mit Sebastian werden. Das erste Mal überhaupt. Bisher wollte er das mit niemandem erleben. Es hat einfach nie gepasst. Aber bei Sebastian war das ganz anders. Es stimmte alles. Er wollte sich Sebastian hingeben, diese Art von Sex erleben und mit ihm teilen. Als seine Eichel gegen den Einlass drückte, merkte Fabian, wie eng es werden würde. Langsam entspannte sich Sebastian und schob sich tiefer auf die pralle Eichel. Immer tiefer glitt er. Es war atemberaubend erotisch, wie sich Sebastian auf Fabians Penis schob. Wie er sich hingab und es genau so wollte wie Fabian.

Einmalig.

Noch ein wenig mehr Druck und Fabians ganze Länge drang in seinen Liebhaber ein. Sebastian verspannte und verkrampfe sich.

„Was ist? Habe ich dir wehgetan?", entsetzte sich Fabian. Er begann sich zurückzuziehen. „Wir hören auf!", meinte er bestimmt, aber Sebastian hielt sich hartnäckig fest und machte keine Anstalten abzusteigen.

„Am Anfang tut es immer ein bisschen weh. Vor allem bei einem solchen Teil! Brauchst du dafür eigentlich keinen Waffenschein?", keuchte er.

„Haha! Schon klar, Frechdachs!"

„Hihi. Aber keine Angst, es wird besser. Gib – gib mir ein paar Sekunden!"

Fabian beobachtete, wie sich sein Liebhaber entspannte. Er hatte die Augen geschlossen, sah friedlich und äußerst erregt aus. Nach einer Weile lehnte sich Sebastian zu ihm hinunter und verstrickte ihn in einen sinnlichen Zungenkuss, bevor er an Fabians Unterlippe saugte und seine Zähne sachte zudrückte. Zögerlich begann sich Fabian in der feurigen Wärme zu bewegen, in die er eingedrungen war. Als er wieder diesen ganz speziellen Punkt in Sebastians Körper traf, hechelte dieser auf und warf den Kopf in den Nacken. Die Hitze, die sich zwischen den beiden Körpern bildete, steigerte sich von Stoß zu Stoß.

„Mehr", bettelte Sebastian und Fabian hatte nicht vor, ihn zu enttäuschen. Er packte ihn an den Hüften und zog ihn noch tiefer auf sein Glied, um ihm entgegenzustoßen. Immer fester, tiefer und sinnlicher. Beinahe schon routiniert traf er das besagte Nervenzentrum, das Sebastian aufschreien und betteln ließ. Immer und immer wieder klatschten die beiden schweißüberzogenen Köper aufeinander. Sebastian beugte sich nach hinten, bog seinen Oberkörper und stützte sich auf Fabians Oberschenkeln ab.

Diese Beweglichkeit, dieser sündige Körper.

Bei jedem Stoß wippte Sebastians Penis auf und ab. Fabian griff danach und begann ihn zu pumpen. Seine Eichel war bereits feucht und so unheimlich heiß, beinahe glühend. Sie glänzte tiefrot. Sebastians Stöhnen wurde lauter, seine Bewegungen fahriger und seine Muskeln spannten sich an. Fabian spürte, dass sein Partner kurz davor war und wollte ihm diesen Höhenflug nicht verwehren. Hart und unbarmherzig stieß er in die heiße Enge, die ihn umschloss. Sebastians Backen klatschten auf seine Hoden, was ihn nur noch mehr anstachelte. Immer wieder stemmte er sich gegen Sebastian, ließ ihn betteln und keuchen. Laut schreiend, bebend und zuckend strömte der erste Schwall Lust aus Sebastians erhitztem Penis. Er biss sich lasziv auf die Lippen, schrie Fabians Namen und kam und kam.

Fabian melkte ihn sorgfältig weiter, presste alles aus ihm heraus. Der süßliche Geruch in der Luft war der von Sex, Schweiß und – Liebe? Langsam verebbten Sebastians Zuckungen, er entspannte sich. Fabian strich mit seinem Finger über Sebastians Brust, seinen Hals bis hin zu diesen sinnlichen Lippen. Er fuhr darüber, fühlte die Hitze, die von ihnen ausging. Keine Sekunde später schoss die pinke Zunge hervor und umspielte Fabians Zeigefinger, bevor er ihn in den Mund sog, daran leckte und saugte. Fabian wollte Sebastian in den Himmel folgen und nahm seinen Rhythmus wieder auf. Fester, tiefer und härter. Immer wieder durchstieß er die Wärme, die ihn umgab. Die sanften Bewegungen von Sebastians Zunge machten ihn beinahe wahnsinnig. Nach ein paar weiteren Stößen, spürte er, wie sich seine Hoden zusammenzogen, wie das ersehnte Prickeln durch seinen Körper schoss und er vor Leidenschaft zu explodieren drohte. Stöhnend und keuchend kam er, bevor er Sebastians Mund mit seinem bedeckte und einen Aufschrei seines Liebhabers verschluckte. Es war, als ob sein Körper Feuer gefangen hatte und ausglühte. Immer wieder schleuderten heftige Kontraktionen den Samen tief in Sebastians Körper. Er markierte seinen Liebhaber, nahm ihn in Besitz. Er hatte so etwas noch nie erlebt. Fabians Puls raste und seine Atmung war hektisch, als er Sebastian zu sich herunterzog und ihn in die Arme schloss.

„Wow! Das war der Hammer. Du bist so geil", brachte er heraus, als er sich wieder ein wenig gefangen hatte. Sebastian stieg ab und legte sich neben Fabian aufs Bett. Wortlos. Als die kalte Luft das gutgefüllte Kondom umschmeichelte, schauderte Fabian. Er entfernte und entsorgte es im Mülleimer, der neben dem Bett stand. Fabian legte seinen Arm um Sebastian und zog ihn zu sich. *Warum ist er so still? Ich habe doch nichts getan, was er nicht wollte, oder? Oh Scheiße!*, dachte er, als es ihm dämmerte. „Seb, hab ich dir wehgetan?", fragte er zögerlich. Sebastians Reaktion war Antwort genug. Er drehte sich zur Seite, zeigte Fabian seinen Rücken. Ein kurzes Schluchzen durchflutete seinen Körper. „Seb! Bitte, dreh dich zu mir um, ich will mit dir darüber reden! Hab ich dir wehgetan?"

„Lass mich in Ruhe."

„Seb, bitte! Sieh mich an!"

Zögernd drehte sich Sebastian wieder um. In seinen Augen hingen Tränen. Sie waren rot und verquollen.

„Seb, es tut mir so leid. Warum hast du nichts gesagt? Ich wollte dir nicht wehtun, dass musst du mir glauben!"

„Schon gut", schniefte Sebastian leise. „Es war schön, tat nur am Schluss weh, weil ich mich verspannt habe! Ich – ich wollte dir dein Erstes Mal nicht versauen, darum hab ich dichtgehalten."

„Du dummer Idiot", meinte Fabian, als er Sebastian an sich presste und ihn in die Arme nahm. „Mein Erstes Mal wäre viel schöner gewesen, wenn du es auch hättest genießen können! Ich mache mir solche Vorwürfe! Tut es noch weh?"

„Ein bisschen. Mach dir keine Sorgen! Es war wunderschön. Du bist ein toller Liebhaber. Ich hätte ja auch etwas sagen können. Ich weiß auch gar nicht, warum mich das jetzt so mitnimmt. Ich bin sonst eigentlich keine Heulsuse!"

„Ach, Seb! Ich denke, ich weiß warum. Du wurdest von Yildiz gefoltert, erniedrigt. Er hat dir Schmerzen zugefügt. Du warst nicht Herr deines Körpers, musstest die Verantwortung für deinen Körper abgeben, wurdest eingeschränkt und gedrängt. Und jetzt komme ich Tölpel und ficke dich so hart, dass du erneut Schmerzen hast. Es tut mir so leid, mein Schatz! Ich würde dir nie absichtlich wehtun, dass musst du mir glauben!"

„Ich weiß doch, Fabian. Ich weiß. Wahrscheinlich hast du recht. Die letzten Stunden waren nicht einfach und das kam wahrscheinlich jetzt wieder hoch", meinte Sebastian, bevor er Fabian ein Küsschen auf den Mund hauchte. „Das nächste Mal wird es bestimmt noch schöner."

„Das nächste Mal?"

„Klar, was denkst du denn? Es hat dir doch gefallen und du willst es immer wieder erleben, oder?" Fabian nickte und musste laut lachen. „Na siehst du. Und ich? Ja, ich kann auch nicht genug davon kriegen. Aber das mit dem Waffenschein, würde ich mir an deiner Stelle noch einmal überlegen!", meinte Sebastian, bevor sie zusammen lachten und sich umarmten.

Flaschenzug

„Guten Morgen. Mein Name ist Erkan Yildiz. Ich arbeite beim TADE, der türkischen Anti-Drogen-Einheit. Fabian und Sebastian haben mir erzählt, was ihr bisher herausfinden konntet. Wir konnten einige Personen aus diesem Drogenring identifizieren, darunter den Concierge Ismail und den Verkäufer Hüseyin. Meine Männer sind dabei, diese Typen zu beschatten. Heute gegen 16 Uhr geht der gebuchte Flieger nach München. Ich möchte, dass ihr zwei –", Yildiz zeigte auf Cédric und Stefanie, „– diesen Flieger nehmt. Ihr werdet die Gewürztütchen ganz normal mitführen und sehen, was passiert. Wir wollen die Person am Flughafen München ebenfalls identifizieren. Alles klar?"

Stefanie war bleich im Gesicht und auch Cédric wirkte farblos. Nach einer Weile nickten sie und Cédric fragte: „Wer garantiert uns, dass wir durch den Zoll kommen? Ich will nicht ins Gefängnis!"

„Der Drogenring ist eingespielt. Es wird keine Zwischenfälle geben. Ich will den Münchner Spieler enttarnen. Falls ihr auffliegt, werde ich mich darum kümmern, okay?" Die beiden Studenten nickten.

„So, wie du dich um uns gekümmert hast?", fragte Sebastian schnippisch. Yildiz warf ihm einen bösen Blick zu, bevor er sagte:

„Es ist wichtig, dass ihr euch normal verhaltet. Ihr tut so, als wüsstet ihr nichts von den Drogen in euren Gepäckstücken. Wenn ihr den Mann identifiziert habt, schickt ihr mir eine SMS. Alles klar?" Wieder ein stummes Nicken der Anwesenden. Ein paar Minuten lang diskutierten die fünf noch alle Möglichkeiten durch, berieten sich und Erkan Yildiz beantwortete Fragen. Das Gespräch war angeheizt und kritisch. Zwischendurch verschwand Fabian für ein paar Minuten nach Draußen. Sebastian wunderte sich noch, warum er so lang brauchte, um kurz die Toilette aufzusuchen. Aber er war zu sehr mit zuhören und mitdiskutieren beschäftigt, um weiter darüber nachzudenken. Ein paar Minuten später kam Fabian zurück in Yildiz Büro und setzte sich.

Die Fragerunde wurde beendet. Sebastian und Fabian verabschiedeten sich von ihren neugewonnen Freunden: „Wir simsen und bleiben in Kontakt okay?", fragte Sebastian Stefanie. Sie nickte, gab ihm Küsschen auf die Wangen und verabschiedete sich von beiden. In ein paar Stunden würde man einen neuen Namen erfahren. Darauf waren alle Anwesenden gespannt. Die beiden Studis verließen Yildiz' Büro, in dem die Lagebesprechung stattgefunden hatte.

„Und jetzt zu euch! Ich möchte, dass ihr nach Hause fliegt. Verstanden? Euer Job hier ist getan. Ihr sollt euch nicht weiter einmischen!", fing Yildiz an.

„Ach, halt doch die Klappe, Yildiz! Wir sind hier noch nicht durch. Glaub's mir. Ich will diese Schweine überführen. Verstanden? Ich will dabei sein, wenn sie eingebuchtet werden!", entrüstete sich Sebastian. Fabian sah ihn mit großen Augen an und schüttelte verzweifelt den Kopf. Yildiz ging auf Sebastian zu. Die beiden Gesichter kamen sich nahe. Sebastian spürte den nikotinschwangeren Atem von Yildiz auf seiner Haut.

„Für eine Schwuchtel, hast du verdammten Mut und große, haarige Eier, Kleiner. Pass auf, dass dir deine große Klappe nicht irgendwann zum Verhängnis wird. Die Diskussion ist vorbei. Ihr werdet abreisen und wenn ich euch an euren kleinen, schwulen Schwänzen in den Flieger zerren muss. Kapiert?" Sebastian trat einen Schritt zurück, blickte Yildiz mit stechendem Blick an und lief ohne ein weiteres Wort nach draußen.

Fabian nickte Erkan zu, als ob die beiden eine Übereinkunft getroffen hatten und ging hinter Sebastian her. „Sebastian, warte bitte!" Er griff ihn an der Schulter und drehte ihn um. „Was ist dein Problem, Mann? Sag's mir!", forderte er harsch.

„Weißt du, was mich am meisten nervt? Dass du dich mit diesem Scheusal verbrüderst! Yildiz ist ein brutales Monstrum und du hilfst ihm. Er hasst uns! Er hasst Schwule und er verachtet uns und denkt, dass wir keine gleichwertigen Menschen sind. Er hat mich erniedrigt. Er hat mir den Finger gebrochen, meine Haare abrasiert. Er hat dich verprügelt. Wieso nur, wieso unterstützt du ihn? Was ist dein Problem, Mann? Hä? Sag schon!" Sebastian fing an zu weinen und seine Stimme wurde lauter und seine Worte verletzender. *Warum muss ich immer flennen, wenn ich wütend bin? Mist!*, fragte sich Sebastian, bevor er die Tränen wegwischte. Auf Fabians Gesicht zeigten sich Schuld, Reue und – Enttäuschung. Eingeschnappt und verletzt sagte er:

„Es tut mir leid, dass ich mit dieser, für mich, neuen und ungewöhnlichen Situation anders umgehe, als du. Es tut mir leid, dass ich dich in Sicherheit wissen will und aus diesem Land verschwinden will. Es tut mir leid, dass ich Verbündete suche, die uns den Arsch aus der Schlinge ziehen! Es tut mir Leid, dass ich dich liebe und will, dass es dir gut geht. Das alles tut mir leid. Ich bin kein Heiliger. Ich bin nur ein Mensch! Ich versuche damit so gut wie möglich umzugehen! Ach, Scheiße!" Er drehte sich weg und fuhr sich mit dem Handrücken über die Augen.

Weinte Fabian? Sebastian fühlte sich wie ein Idiot. Alles, was er wollte, war Rache und Vergeltung. Fabian hingegen wollte ihn in Sicherheit wissen, weil er ihn liebte. Sebastian hätte sich schlagen können. *Verdammt! Ich Idiot! Ich selbstsüchtiger Idiot*, dachte er, bevor er seine Hand auf Fabians Schulter legte, um ihn zu sich umzudrehen.

„Ich bin ein Vollpfosten. Es tut mir leid. Ich war so mit mir und meinen eigenen Problemen beschäftigt, dass ich nicht realisiert habe, was in dir vorgeht. Es ist neu für mich, dass sich ein Mann um mich sorgt und mich in Sicherheit wissen will. Ungeübt in Beziehungen. Verzeihst du mir?", versuchte Sebastian sich zu erklären, während er Fabian anlächelte. Fabian grinste verhalten aber seine Augen waren rot und verquollen. „Hast du gerade gesagt, dass du mich liebst?", fragte Sebastian nach einer Weile. Fabian nickte und drehte seinen Kopf verlegen zur Seite. „Komm her, du", sagte Sebastian als er Fabians Gesicht zu sich drehte und ihn auf den Mund küsste. Die beiden Liebenden standen vor Yildiz' Büro und küssten sich, als gäbe es kein Morgen. Nach einer Weile spürte Sebastian Fabians harten Penis an seiner Hose und wurde selber hart. Sie umarmten sich und Fabian betastete Sebastians Hintern. Sebastian indes strich mit seinen Händen über Fabians

Wangen und zog ihn am Genick zu sich hin. Es war als würden diese beiden Körper miteinander verschmelzen. Er stöhnte in den Fabians Mund und sagte: „Ich liebe dich auch, Fabian." Plötzlich wurde hinter den Verliebten die Tür aufgerissen und Erkan Yildiz kam herausgestampft.

„Oh Scheiße!", entfuhr es Erkan, als er die beiden entdeckte und realisierte, was gerade vor sich ging. Angeekelt verzog er seinen Mund. „Hört auf zu Knutschen, ihr Analakrobaten und verpisst euch! Habt ihr verstanden?"

Fabian ließ von Sebastian ab und die beiden gingen Richtung Aufzug, der sie nach unten bringen würde. Hand in Hand. Glücklich und zufrieden. Hinter sich hörten sie Yildiz wettern:

„Diese scheußliche Obszönität vor meinem Büro! Hoffentlich hat das niemand gesehen. Wir sind hier nicht im Homo-Staat Deutschland. Verdammte Schwu–„ Sein Gezeter wurde von den sich schließenden Lifttüren abgeschnitten. Als sie in der engen Kabine standen und nach unten fuhren, sagte Sebastian:

„Weißt du, was mir nicht in den Kopf will? Wieso war Yildiz in der Zisterne? Warum war er alleine da und wusste, wo sich die Gangster trafen? Uns ist niemand gefolgt, oder?" Fabian schüttelte den Kopf. „Ich werde das Gefühl nicht los, dass Yildiz da mit drin steckt. Wir könnten ihn beschatten, was denkst du?", fragte Sebastian weiter.

„Ich halte das für keine gute Idee, Seb. Er ist gefährlich. Wir begeben uns hier auf ein Terrain, das wir nicht kennen und das Gefahren birgt", stellte Fabian klar.

„Du hast recht. Aber ich will Licht ins Dunkel bringen und diese Betrüger überführen. Nur noch einen Tag. Dann fliegen wir nach Hause. Okay?"

Fabian willigte zögerlich ein. Er wusste, dass Erkan Yildiz zu Hilfe eilen würde, wenn es brenzlig werden sollte. Aber wollte er sich und Sebastian wirklich dieser Gefahr aussetzen? Würde Yildiz rechtzeitig kommen? Als er sich vorhin hatte verkabeln lassen, war ihm mulmig zumute. *War das die richtige Entscheidung? Wie würde Sebastian reagieren?*

* * *

„Fatma? Ich bin es, Erkan. Sind die beiden deutschen Studenten Stefanie und Cédric im Flieger? Keine Probleme bei der Ausreise?"

„Keine Probleme. Sie landen in zwei Stunden in München", bestätigte Fatma am Telefon.

„Gut. Es dürfen keine Fehler passieren. Alles muss so unauffällig wie möglich bleiben. Sebastian und Fabian haben unsere Operation beinahe auffliegen lassen. Das darf nicht mehr geschehen. Verstanden?" Fatma bestätigte am Telefon, dass es keine weiteren Fehler geben werde. Yildiz beendete das Telefongespräch und trat auf die Straße, um nach Hause zu gehen. Es war ein schöner, warmer Tag im Spätsommer. Die Luft war warm und feucht. Ein leichter Dunst in Form von Smog hing in der Luft und trübte die Sicht. Er schlug den Weg zu seiner Wohnung ein und lief vom Sitz der TADE ins benachbarte Wohnquartier.

Fabian und Sebastian folgten Yildiz unauffällig. Sebastians Herz pochte stark und er fühlte, dass er sich einer großen Gefahr aussetzte und doch war er überzeugt davon, nur Gerechtigkeit zu erfahren, wenn diese Ganoven hinter Schloss und Riegel kämen. Und Fabian war bei ihm. Was konnte groß schief gehen? Yildiz entfernte sich weiter von ihnen und die Verfolger liefen schneller. Als sie um eine Ecke bogen, wurde ihnen der Weg abgeschnitten. Vor ihnen standen Hüseyin und Ismail mit grimmiger Miene. Sebastian wollte nach Yildiz rufen, aber Hüs zog eine Pistole aus seiner Hose und drückte sie an Fabians Schläfe.

„Ruhe!", forderte Hüs, als er den Lauf der Handfeuerwaffe stärker an Fabians Schädel presste. Sebastian riss seine Augen weit auf und wurde still. „Ihr mit uns mitkommen. Verstanden?", verlangte Hüseyin in seinem gebrochenen Deutsch. Beide nickten und folgten den beiden. „Denken ihr, nur ihr könnt beobachten? Wir sind gefolgt euch und wissen, dass idiotische Drogenpolizist hinter uns", führte er aus. „Wir haben abgeschüttelt Drogen-schnüffler und jetzt wir werden unterhalten. Ruhig bleiben und ge-hen." Fabian und Sebastian gingen voraus, die Gangster hinterher.

Was tun wir jetzt?, fragte sich Sebastian, als er zusammen mit Fabian vor den Gangstern herlief. Er war starr vor Schreck und machte sich Sorgen um Fabian und sein eigenes Leben. *Ver-dammt, warum habe ich ihn mitreingezogen in diesen ganzen Schlamassel? Warum konnte ich nicht auf ihn hören?*, dachte Se-bastian, als er nach Fabians Hand griff. Dieser lächelte ihn kurz an, aber man merkte, dass Fabian große Angst hatte.

„Los! Rein da!", verlangte Ismail, als die vier bei einem Auto angekommen waren. Ein klappriger BMW, schwarz. Sebastian überlegte kurz, was er tun könnte, es fiel ihm nichts ein, also ge-horchte er. Fabian folgte dicht hinter ihm. Beide saßen sie auf der Rückbank. Sebastian nahm Fabians Hand und hielt sie fest. Das beruhigte ihn. Ein wenig.

Hüseyin und Ismail unterhielten sich angeregt auf Türkisch und gestikulierten wild mit den Händen. Sie wirkten angespannt und verunsichert. Eine gefährliche Mischung! *Warum habe ich nicht auf Fabian gehört?*, dachte Sebastian erneut. *Weil ich ein kindsköpfiger Idiot bin. Darum!*, schlussfolgerte er, als er Fabians Hand fester drückte. Er spürte wie angespannt und verkrampft sein Freund war. Er fühlte sich schuldig und empfand eine unsägliche Angst vor dem, was mit ihnen passieren würde. *Zum Glück waren sie zusammen und konnten aufeinander aufpassen. Wenigstens eine kleine Aufmunterung in diesem ganzen Desaster.* Er sah zu Fabian hinüber und lächelte ihn warm an.

Die Fahrt dauerte nicht lange. Der Blick aus dem Fenster zeigte, dass sie sich noch in Istanbul befanden. Sie fuhren auf einer Straße, die sich am Meer entlangschlängelte. Die See war bewegt und strahlte in sattem Dunkelblau. Leichte Wellen ließen die glatte Oberfläche kräuseln. An der Promenade flanierten Touristen und Einheimische und versuchten so viel wie möglich von den warmen Sonnenstrahlen aufzunehmen. Über der Stadt hing leichter Smog, wie es fast täglich der Fall war. Kurze Zeit später bog das Auto in eine Einfahrt, die zu einer prunkvollen Villa führte. Das vergoldete und mit Ornamenten verzierte Gittertor öffnete sich automatisch und der schäbige BMW nahm seinen Platz auf den Pflastersteinen neben teuren und gut gepflegten Luxuskarossen ein. Ismail und Hüseyin stiegen aus und befahlen den Gefangenen auszusteigen. Ismail schnappte Sebastian am Arm und Hüs führte Fabian vom Auto weg. Natürlich ging man nicht durch den Haupteingang. Die große, schwer wirkende und mit Gold bemalte Türe wurde nicht geöffnet. Stattdessen gingen sie zum Hintereingang. Sie liefen über sattes Grün, gepflegte Rasenflächen. Spektakuläre, große Bäume und Marmorstatuen zierten die weitläufige Gartenanlage.

Die Villa war wunderschön. Zwei Stockwerke, Marmorsäulen, dreimeterhohe Fenster und unzähligen Stuckaturen. Ein Traum! Vom Dienstboteneingang konnte man einen kleinen Überblick über das prunkvolle Anwesen erhaschen. Obwohl, lange konnten die beiden den Luxus im Obergeschoss nicht genießen. Sie wurden eine Treppe hinuntergelotst. Das Kellergeschoss war größtenteils naturbelassen: Kiesboden, Steinwände, Spinnweben und Dreck. Ein flackerndes Licht erhellte den Raum vor ihnen. Ein Horror! An der Decke waren zwei Flaschenzüge montiert. Jeder von Ihnen war mit einer Kette und zwei Handfesseln ausgestattet.

„So, Jungs. Wenn ihr euch ruhig verhaltet, passiert euch nichts. Vorerst! Stellt euch dorthin!", sagte Ismail, als er auf einen Fleck in der Mitte des Raumes unter den Metallketten und den Fesseln zeigte. Mit großen, entsetzten Augen starrte Sebastian auf die Folterkonstruktion und schüttelte den Kopf. Und doch tat er, was ihm befohlen wurde und auch Fabian stellte sich neben ihm auf. Ihre Blicke trafen sich im schummrigen Licht der Kammer. Sie gaben sich gegenseitig Halt. Hüs hantierte mit der Kette, löste sie von einem Haken und die Handfesseln aus Leder wurden nach unten gelassen. Ismail kam zu Fabian, zwang seine Hände in die offenen Fesseln und verschnürte sie fest. Das gleiche Spiel passierte mit der zweiten Konstruktion. Sebastians Hände wurden in die Vorrichtungen geschnürt, bis er sich auf keinen Fall mehr befreien konnte.

„Bitte, lassen Sie uns gehen! Wir haben nichts verraten", versuchte Sebastian die Schurken zu überzeugen. Als Antwort erhielt er eine schallende Ohrfeige.

„Halten bloß Fresse! Du uns in Scheiße geritten und du jetzt ausbaden", brüllte Hüs wütend.

Sebastian verstummte sogleich und drehte seinen Kopf weg. Der Schlag brannte auf seiner Haut. Als sich die beiden Ganoven davon überzeugt hatten, dass sich ihre Gefangenen nicht mehr wehren konnten, gingen sie zu den Ketten. Man hörte ein Rasseln, metallische, klimpernde Geräusche. Fabian wurde nach oben gezogen.

„Sollte weniger essen!", knurrte Ismail, als sie ihn nach oben gezogen hatten. Hüs grölte vor Lachen und klopfte seinem Kameraden auf den Rücken. Sie zogen Sebastian nach oben. „Der ist leichter. Gut!"

Wie Schlachtvieh, bereit für den letzten Gang, hingen die beiden von der Decke. Ihre Arme waren seitlich an ihre Gesichter gepresst. Sebastian zwängte den Kopf zwischen seinen Armen hervor und ließ ihn nach unten baumeln. Es spannte in seinem Rücken und seine Schultern versteiften sich.

„Das gefällt euch, wie ihr hier hängt, oder? Schutzlos ausgeliefert. Das erregt dich, du kleiner schwuler Arsch!", sagte Ismail, als er Sebastian an der Brust berührte. Er fuhr mit seiner Hand immer weiter nach unten, zog den Bund von Sebastians Hose nach vorne und griff mit seiner Hand hinein um Sebastians Geschlecht zu umfassen.

„Nimm deine Finger weg!", forderte Sebastian panisch. Er wand sich und versuchte die Berührungen zu stoppen.

Ohne Erfolg.

Was konnte er festgekettet auch unternehmen? *Warum passiert mir das? Warum mir?* Tränen liefen über seine Wangen. Diese erneute Erniedrigung brachte alles wieder hoch, was ihm in den vergangenen Tagen widerfahren war.

„Hören Sie auf! Lassen Sie ihn in Ruhe!", forderte Fabian forsch, als er sah, was mit seinem Freund angestellt wurde.

„Wirst du eifersüchtig, wenn ich deinen Freund dort berühre? Willst du sehen, was ich noch mit ihm machen kann?", fragte Ismail mit erregter Stimme. Er entblößte Sebastians Glied, indem er die Hose nach unten fallen ließ.

„Du bist krank Ismail. Ich nicht will sehen", sagte Hüs nach einer Weile und verabschiedete sich durch die Kellertür. „Kranker, kleiner Mann", grummelte er, während er die Stufen nach oben stieg.

Sebastians Hosen hingen an seinen Füßen und sein Glied pendelte an seinem Körper hin und her. Der Schurke berührte ihn noch immer an den Hoden, seinem Penis. Sebastian sah ihm entsetzt dabei zu und wimmerte:

„Bitte nicht. Hören Sie auf!"

„Ach, komm! Das gefällt dir doch, du kleiner Perverser!", flüsterte Ismail heiser und starrte Sebastian aus seinen dunklen Augen an. Seine Erregtheit stand ihm ins Gesicht geschrieben. „Willst du für mich kommen?", fragte er nach einer Weile, als er beobachtete, wie sich Sebastians Glied versteifte.

Scheiße! Wieso werde ich jetzt hart?, fragte sich Sebastian, als er merkte, wie sein Glied immer dicker und steifer wurde. Er schämte sich. Er schämte sich für seinen schwachen und willigen Körper, über den er keine Kontrolle zu haben schien. Wahrscheinlich die Angst, gespickt mit dem Nervenkitzel und den intimen Berührungen.

„Soll ich dir einen blasen?", fragte Ismail leise, als er Sebastians Penis massierte und seine Hoden quetschte. Sebastian blickte ihn an und tat das Unvorstellbare. Er spuckte dem Ganoven ins Gesicht. Er traf ihn am Auge. Sein Speichel lief über Ismails Wange. Eine Millisekunde war dieser zu geschockt, um zu reagieren. Als er sich gefangen und zweimal ungläubig geblinzelt hatte, ließ er Sebastians Geschlecht in Ruhe, holte aus und gerade, als er seine

Faust in Sebastians Gesicht schlagen wollte, ertönte eine Stimme aus dem Flur zum Kellergewölbe:

„Lass ihn!" Ismail zuckte zusammen und drehte sich um.

„Sir?"

„Zieh ihm die Hose wieder an und verschwinde! Hast du verstanden?", wollte der Mann, den man nicht sehen konnte, wissen. Ismail nickte, zog Sebastian hastig die Unterhose und die Hose hoch, bevor er sich durch die Tür verabschiedete. Sebastian hing dort, aufgewühlt und ängstlich. Er war dankbar, dass Schlimmeres abgewendet werden konnte. Doch was erwartete sie nun? Im Flur hörte man nichts mehr, der Mann, der ihn beschützt hatte, schien nicht mehr dort zu sein.

Der Zulieferer

Sebastian wusste nicht, wie lange er an der Decke baumelte. Er wusste nur, dass sich sein Körper vollkommen verkrampfte, seine Handgelenke brennend schmerzten und seine Hände langsam taub wurden. Von ihren Entführern war keine Spur zu sehen.

„Fabian?", sagte Sebastian leise. „Es tut mir leid." Fabian schaute ihn an, direkt in die Augen und erwiderte kleinlaut:

„Du musst dich nicht entschuldigen. Ich habe bei diesem Selbstmordplan mitgemacht. Ich bin selber schuld. Aber weißt du was? Wir kommen hier raus. Du wirst sehen!"

„Fabian, bitte. Du musst es nicht runterspielen. Wie sollen wir hier rauskommen? Es ist aussichtslos. Meine Hände sterben bald ab. Das Blut kann nicht mehr zirkulieren", jammerte Sebastian, als er seine Knöchel besah. Er versuchte seinen Nacken zu entspannen, indem er seinen Kopf an seinen Armen anlehnte. Viel Abhilfe brachte das nicht. „Ich war blauäugig und voller Hass und Rachegelüste. Ich hätte mein Temperament besser im Griff haben müssen. Stattdessen habe ich uns beide in Gefahr gebracht, nur weil ich es Yildiz heimzahlen wollte. Ich hoffe, dass wir hier lebend rauskommen. Ich will viel Zeit mit dir verbringen. Aber auf jeden Fall bin ich froh, dass wir zusammen sind", flüsterte Sebastian.

Fabian tat sein Bestes, um ein knappes Lächeln hervorzubringen. Im Flur waren Schritte zu hören. Ein Gespräch wurde geführt. Die Schritte wurden lauter und die Tür wurde mit Wucht aufgerissen.

„Merhaba! Das heißt: Guten Tag", erklärte sich der Mann. Seine Stimme kam den beiden Jungs bekannt vor. Er war es, der Sebastian vorhin vor Ismail „gerettet" hatte. Er fuhr fort: „Ihr bereitet mir Kopfschmerzen. Seit mehreren Tagen behindert ihr meine Arbeit und bringt meine Geschäfte in Gefahr. Dass kann ich nicht tolerieren. Ich habe euch herbringen lassen, um euch eine Lektion zu erteilen, die ihr nicht überleben werdet", sagte der kleine, dürre

Mann mit tiefer, raspelnder Stimme. Sein Haupt war fast kahl, nur wenige Haare bedeckten seine schimmernde Kopfhaut.

„Sind Sie Muhammad, der Kopf des Drogenrings?", wollte Sebastian wissen. Der Fremde runzelte die Stirn und fuhr fort:

„So ist es! Ihr seid gut informiert. Das wird euch nur nicht viel bringen, wenn ihr es niemandem erzählen könnt, nicht wahr? Bevor ich euch töte, will ich wissen, was ihr alles herausgefunden habt und wer davon weiß. Habt ihr verstanden?" Er ging durch den Keller zur gegenüberliegenden Wand, an der eine Peitsche hing.

Entsetzt verfolgten die Gefangenen jeden Schritt, den Muhammad zurücklegte. Als er das dunkle Leder mit dem Seil von der Wand nahm, schluckte Fabian geräuschvoll.

„Ihr werdet mir sagen, was ich wissen will! Wenn mir eine Antwort nicht gefällt, geißle ich euch zweimal mit dieser altertümlichen Schönheit. Verstanden?", erklärte er. Beide nickten, während ihre Augen immer grösser wurden. „Welche Personen aus dem Drogenring konntet ihr identifizieren?", fragte er.

„Ismail, den Concierge, Hüseyin, den Marktverkäufer, die Lady vom Flughafen und jetzt Sie", fasste Sebastian kurz und knapp zusammen. Der Mann nickte langsam und zog die Augenbrauen nach oben.

„Ihr arbeitet mit Erkan Yildiz zusammen?"

„Nein! Tun wir –" ein Peitschenschlag war zu hören und Sebastian schrie auf. Der Knall der Peitsche und der Schmerz an seinem Rücken waren unbeschreiblich.

„Hör auf zu lügen! Arbeitet ihr mit Yildiz zusammen?" Sebastian versuchte Haltung zu bewahren und seine Tränen zu unterdrücken.

„Er hat uns gesagt, dass wir nach Hause fliegen sollen. Er arbeitet nicht mit uns!", schrie Sebastian.

„Wie seid ihr auf uns aufmerksam geworden?" Dieses Mal antwortete Fabian.

„Wir wurden in die gleiche Gefängniszelle gesteckt und tauschten uns aus. Wir kamen schnell auf den Rabattcoupon, das Hostel und den Ägyptischen Basar. Wir fingen an Beweise zu sammeln und zu beobachten", fasste Fabian zusammen.

„Wie seid ihr aus dem Gefängnis herausgekommen?"

„Sebastians Mutter hat uns rausgeholt", erklärte Fabian.

„Du arbeitest mit Yildiz zusammen und hast den anderen nicht eingeweiht. Warum?", wollte der kleine Mann wissen. Sebastian sah erschrocken zu Fabian rüber.

„Ich arbeite nicht mit Yildiz zusam –", führte Fabian aus, als ein erneuter Peitschenschlag die Luft durchschnitt. Der mickrige Mann schwang die Peitsche und ließ sie auf Fabians Rücken treffen. Fabian schrie auf. Nachdem das Geräusch im Kellergewölbe verhallt war, ertönte erneut ein Peitschenhieb. Fabian liefen Tränen über die Wangen. „Also gut", schluchzte er. „Ich habe ihn seit unserem Zusammentreffen in der Zisterne mit Infos versorgt. Er wollte es so!", stotterte Fabian.

Sebastian war geschockt. „Was?", rief er ungläubig.

„Es tut mir leid, er hat mich dazu gedrängt. Er wusste, dass du nicht aufgeben würdest und hat mich gezwungen ihm Bericht zu erstatten. Er wusste, dass du das Gegenteil von dem tun würdest, was er dir sagt", verteidigte sich Fabian.

„Was wissen Cédric und Stefanie, die heute nach Hause geflogen sind?", wollte der Mann wissen. Sebastian überlegte kurz und sagte:

„Nichts. Die wissen nich-" Das Zischen der Peitsche war zu hören. Ihr Peiniger, obwohl klein und unscheinbar, legte eine ungeheure Wucht in jeden Hieb. Sebastian schrie laut und biss sich auf die Lippe, um sich vom Schreien abzuhalten. Er spürte, wie sein T-Shirt auf seinem Rücken zerriss, so heftig war der Schlag.

„Was wissen die beiden?", donnerte die Stimme des Drogendealers durch das Kellergewölbe.

„Sie wissen das Gleiche wie wir und Yildiz!", brüllte Fabian unter Schluchzern. Der kleine Mann ging zu ihm und sagte:

„Warum sind sie heute nach Deutschland geflogen?", zischte er. Fabian schüttelte den Kopf. Daraufhin holte Muhammad aus und schlug Fabian mit der geballten Faust in den Magen, in seinen Bauch. Immer und immer wieder prügelte der kleine Mann auf Fabian ein. Dieser schrie und weinte und krümmte sich unter den Schlägen. Bewegen konnte er sich nicht und so musste er es über sich ergehen lassen. Sebastian versuchte den Mann davon abzuhalten, aber viel Spielraum hatte er nicht. Er flehte ihn an.

„Sie wollen die Person am Münchner Flughafen überführen!", platzte Sebastian heraus. Er konnte nicht weiter zusehen, wie man seinem Freund wehtat.

Dieser blickte ihn leicht entsetzt an.

Muhammad stoppte die Drangsalierungen und sah Sebastian an. Er fluchte auf Türkisch, holte nochmals aus und donnerte seine Faust in Fabians Magen. Dieser schrie laut und markerschütternd auf und wurde augenblicklich bewusstlos. In diesem Moment wurde die Tür zum Keller aufgerissen und Soldaten stürmten mit erhobenen Pistolen und Gewehren in den Raum.

„Hände über den Kopf! Los!", ertönte eine bekannte Stimme. Wiederholungen auf Türkisch. Der kleine Mann ließ die Peitsche fallen, zückte aus seiner Hosentasche eine Pistole und presste den Lauf der Feuerwaffe an Sebastians Schläfe.

„Zurück oder ich töte ihn!", forderte er. Auf Muhammads Brust wurde ein feiner Laserstrahl sichtbar, die Männer schienen ihn im Visier zu haben. Er blickte entsetzt auf seine Brust und wurde still. „Waffen runter Yildiz! Sonst töte ich den Burschen. Hast du verstanden?", der kleine Mensch wurde nervös und aggressiv. Sebastian fühlte, wie er ihm den Lauf fester an die Schläfe drückte und wie sich auf seiner Stirn Schweißperlen bildeten.

„Wie kommst du darauf, dass es mich interessiert, wenn diese kleine Schwuchtel abkratzt?", pokerte Yildiz gekonnt. Oder war es sein Ernst?

„UN-Anwältin als Mutter, Yildiz. Ich bin informiert. Du willst nicht verantwortlich sein, wenn diese kleine Ratte abkratzt. Da bin ich mir sicher", gab der Muhammad gereizt zurück. Yildiz blickte für den Bruchteil einer Sekunde zwischen dem bewusstlosen Fabian, Sebastian und Muhammad hin und her bevor er den Abzug seiner Waffe betätigte und ein Schuss zu hören war.

Eine gefühlte Ewigkeit geschah nichts. Sebastian wusste nicht, ob jemand getroffen wurde. Es war still.

Zu still.

Dann ging Muhammad neben ihm zu Boden. Sebastian spürte, wie die Pistole von seiner Schläfe glitt und hörte, wie sie auf dem Boden aufschlug. Yildiz ging auf die Gefangenen zu, checkte kurz den Puls des Getroffenen, schüttelte den Kopf und sagte etwas auf Türkisch zu seinen Kollegen. Es musste wohl bedeuten:

„Holt sie da runter!"

Denn die Männer gingen zur Wand und lösten die Ketten aus ihren Halterungen. Kurz darauf spürte Sebastian, wie er langsam nach unten gelassen wurde. Er fühlte festen Boden unter den Füßen. Seine Arme taten weh, waren taub. Er war wackelig auf den Beinen und kippte vornüber. Yildiz fing ihn auf.

„Ruhig, Junge", sagte Yildiz bestimmt, als er ihm half auf den eigenen Beinen zu stehen.

„Danke, Yildiz", flüsterte Sebastian dem Justizvollzugsbeamten zu. Dieser nickte und sagte nichts.

Sebastians Handfesseln wurden gelöst und er spürte, wie das Blut zurück in seine Hände schoss. Er setzte sich auf den Boden und sah zu, wie man Fabian ebenfalls nach unten ließ. Er war wieder bei Bewusstsein und sah ziemlich mitgenommen aus, bleich mit schweißnasser Stirn. Sebastian wusste nicht, wie er reagieren sollte. Er war wütend und fühlte sich verraten. Als Fabian befreit war, sank er neben Sebastian auf den kalten, steinigen Boden und nahm ihn in die Arme.

„Seb. Es tut –", fing er an. Sebastian befreite sich aus der Umarmung und stand auf. „Sebastian, bitte! Lass mich erklären", flehte Fabian, als er sich in den Stand manövrierte. Er wirkte schwach.

Sebastian war außer sich vor Wut. Fabian hatte ihn verraten und mit Yildiz zusammen gearbeitet. Er hätte es ihm sagen sollen. Die beiden hatten sich gegen ihn verbrüdert. Sebastian wusste nicht, was ihn wütender machte. Der Gedanke, dass Fabian dieses Monster ihm vorgezogen hatte oder dass Fabian ihn angelogen hatte. Oder, dass er nur dank diesem Verrat aus dieser misslichen Lage befreit wurde. Oder, dass Yildiz genau wusste, dass sich Sebastian ihm widersetzten würde.

„Verdammte Scheiße", fluchte Sebastian als er sich zu Yildiz, den Soldaten und Fabian umdrehte. „Woher wusstest du, wo wir waren?", fragte Sebastian genervt. Yildiz ging zu Fabian, zog sein T-Shirt nach oben und enttarnte eine Körperwanze, die an Fabians Brust geklebt war.

„Reicht dir das?", wollte er zynisch wissen. Sebastian drehte sich zu Fabian, starrte ihm direkt in die Augen und fragte wutentbrannt:

„Du hast dich verwanzen lassen? Was wäre passiert, wenn die dich durchsucht hätten? Die hätten dich auf der Stelle abgeknallt. Ich hätte zusehen müssen, wie man dir eine Kugel in den Kopf jagt. Wolltest du das?" Er drehte sich zu Yildiz um und zischte durch die geschlossenen Zähne: „Und du! Du hast gewusst, wo wir waren! Warum hast du so lange gewartet, bevor du eingeschritten bist?"

Yildiz musste sich ein Lachen verkneifen und sagte nach einigen Momenten: „Ach, Drogen-Tunte! Wie gesagt: So ist das Geschäft. Wir brauchten sein Geständnis. Als wir das hatten, sind wir sofort in das Gebäude eingedrungen und haben euch befreit. Mehr kannst du als Schwuchtel nicht erwarten." Sebastian blickte ihn fassungslos an, seine Augen verengten sich zu Schlitzen. Er ballte seine Fäuste und überlegte sich, ob er diesem arroganten Riesenarschloch eine verpassen sollte. Als er seinen Blick über die strammen Muskeln, den Kampfanzug und die Waffe gleiten ließ, entschied er sich dagegen. Er würde den Kürzeren ziehen. Er stapfte wütend und frustriert nach oben.

Der tote Muhammad wurde auf eine Bahre gelegt und ins Freie getragen. Dann kamen Yildiz und Fabian, gefolgt von Yildiz' Männern, nach oben. Alle standen sie auf dem Rasen und beobachteten, wie sich das Gittertor öffnete und ein Wagen in der Einfahrt hielt. Eine Limousine mit Fahrer. Die hintere, linke Türe wurde geöffnet und eine Frau stieg aus.

„Sebastian? Oh Gott, Sebastian!", hörte man sie rufen, bevor sie über den Rasen rannte und sich den wartenden Männern näherte. Sebastians Gesicht strahlte, als er seine Mutter sah. Sie umarmte ihn und drückte ihren Sohn an ihre Brust. Sie flüsterte ihm zu: „Du dummer Junge, du! Mach nie wieder so einen Unsinn! Gott sei Dank, es geht dir gut." Sebastian nickte und umarmte seine Mutter fest. Es tat gut zu wissen, dass alles vorüber war und er sie an sich drücken konnte.

„Versprochen", flüsterte er. Seine Mutter ließ von ihm ab und erkundigte sich nach Fabians Befinden, bevor sie sich zu Yildiz umdrehte und ihn mit stechendem Blick musterte. Sebastian hatte seine Mutter noch nie so wütend gesehen. Ihre dünnen Lippen, waren aufeinander gepresst. Sie hatte die Augen zusammengekniffen und schien um einige Zentimeter zu wachsen, so als würde sie auf den Zehenspitzen stehen, um Yildiz an Körpergröße ebenbürtig zu sein.

Dann geschah das Unfassbare.

Sie holte mit der rechten Hand aus und schmetterte dem großen, bulligen Gefängniswärter und TADE-Agenten ihre flache Hand ins Gesicht. Eine schallende Ohrfeige. Sebastians Mutter, die UN-Anwältin, hatte für einmal ihr Verhandlungsgeschick und die fixen Moralvorstellungen beiseite geschoben und hatte ihrer Wut nicht mit Worten, sondern mit brachialer Gewalt Ausdruck verliehen. Das Geräusch, das durch den Aufprall entstand, war unbeschreiblich laut und Sebastian kniff instinktiv die Augen zusammen und drehte den Kopf weg. Erkan Yildiz' Augen wurden groß und entsetztes Erstaunen machte sich auf seinem Gesicht breit. Er durfte sich vor seinen Männern keine Blöße geben und weder mit seiner Hand seine Wange reiben noch die Frau zurückschlagen. Er stand da und versuchte Haltung zu bewahren.

„Das wird ein Nachspiel haben, Yildiz! Merken Sie sich meine Worte!", zischte Gloria drohend. Sebastian blickte zu Yildiz und sah, wie seine Lippen kurz zitterten. *Wow, Mama! Der Hammer!*, dachte er, als er seine Mutter wieder in den Arm nahm und zusammen mit ihr zum Wagen zurück ging. Die restlichen Männer, Fabian und Yildiz standen wie Ölgötzen auf dem Rasen und schauten zu, wie sich die Polas verabschiedeten. Einen Augenblick später rannte Fabian los um ihnen zu folgen.

„Sebastian! Warte, bitte! Lasst mich hier nicht zurück", flehte er verzweifelt. Sebastian drehte sich um und blickte Fabian an. Einen kurzen Moment schien Sebastian zu überlegen, was er tun sollte. „Lass mich nicht zurück! Ich liebe dich! Ich liebe dich, Sebastian!", sagte Fabian verzweifelt, als er in Sebastians Augen blickte.

„Dann lass uns nicht warten", war seine ernüchternde Antwort. Gloria und ihr Sohn stiegen hinten ein, während sich Fabian vorne neben den Fahrer setzte. Kurze Zeit später verließen sie das Grundstück, um auf direktem Wege zum Flughafen zu fahren. Sebastians Mutter wurde vom türkischen Außenminister über den Aufenthaltsort der jungen Männer informiert und auch, dass sie die Köder für Erkan Yildiz waren, der den Drogenboss überführen wollte. Sie ließ von einem Mitarbeiter des türkischen Außenministeriums ihr Gepäck sowie den Rucksack der Jungs im gemieteten Hotelzimmer abholen und fuhr sofort los, um einzuschreiten. Sie war überglücklich, dass es ihrem Sprössling gut ging und konnte gar nicht aufhören ihn zu umarmen.

„So etwas machst du mir nie wieder. Hast du verstanden?" Sebastian nickte und wischte sich eine Träne aus den Augenwinkeln.

Langsam wurde ihm bewusst in was für eine Gefahr sie sich begeben hatten.

„Nein, Mama, das werde ich nicht. Ich war dumm und egoistisch."

Erkan Yildiz befahl seinen Männern den Rückzug vom Grundstück. Man sollte die Polizei schicken, um den Tatort zu sichern und Fingerabdrücke zu nehmen. Er selber würde später zurückkommen, um das Grundstück nach dem Drogengeld abzusuchen. In seiner Hose vibrierte sein Smartphone. Augenblicklich holte er es hervor. Eine SMS-Nachricht von Cédric: „Die Drogen sind weg. Ein Zöllner mit dem Namen Ahmet Ergül hat unsere Gepäckstücke nach hinten genommen, um sie zu untersuchen. Als wir sie zurückbekommen haben waren die Gewürze noch da, aber die Drogen weg."

„Ahmet Ergül", wiederholte Yildiz, bevor er seine Fäuste ballte und sogleich Befehle in sein Funkgerät bellte. Jetzt hatten sie den ganzen Ring ausgehoben. Begonnen beim Drogenbaron in der Villa bis zum Zöllner am Flughafen München, der die Drogen wieder an sich nahm und später verkaufte. „Eine geschickte Inszenierung. Die werden immer gewiefter und raffinierter", murmelte Erkan anerkennend. Ohne die Hilfe der beiden Deutschen wären sie nicht so schnell zum Ziel gekommen, das wusste Erkan. Was sollte er tun? Sich entschuldigen?

Niemals!

Jetzt konnten die entsprechenden Personen verhaftet und der Ring ausgehoben werden. Vielleicht würden sie noch weitere Hinweise auf andere Kartelle erhalten. Wer weiß. Schade, dass er Muhammad erschießen musste. Aus ihm hätte man noch einige Informationen pressen können. Und trotzdem war die Mission ein voller Erfolg. Von den kleinen Schwierigkeiten mit den Vereinten Nationen und dem türkischen Außenministerium mal abgesehen.

Endlich ausreisen!

Der kurze Aufenthalt am Flughafen Atatürk verlief dieses Mal ohne größere Schwierigkeiten. Die Warteschleifen an den jeweiligen Schaltern waren, wie schon das letzte Mal, lang und die Zeit floss zäh dahin. Sebastian hatte Angst vor dem Security-Check und vor dem Warnton, der das letzte Mal erklungen war, als sein Gepäck gescannt wurde. Als er das Personal musterte, fiel er beinahe vorne über. Er rieb sich die Augen und sagte fassungslos:

„Das glaub ich jetzt nicht."

„Was ist los?", fragte seine Mutter.

„Diese Frau da! Die gehört zum Drogenring!", murmelte er.

„Was sollen wir jetzt tun?", fragte Fabian neben den beiden, als er die Frau wiedererkannte.

„Wir gehen ganz normal durch, als ob wir sie nicht erkennen würden. Oder?", schlug Sebastian vor. Seine Mutter und Fabian nickten, also standen sie an, bis sie zum Behälter-Depot kamen, wo sie sich mit Plastikschalen versorgen konnten. Wie schon einige Tage zuvor zog Sebastian seinen Gürtel, seinen Schmuck und seine Schuhe aus, verstaute alles in der Wanne, fügte die verpackten Toilettenartikel hinzu und stellte sich an, um durch den Körperscanner zu gehen. Als die Frau ihn entdeckte, schlich ein Schatten über ihr Gesicht.

Sie erkannte ihn.

Fabian ging vor ihm durch den Scanner, dann seine Mutter und zu guter Letzt Sebastian. Kein Warnton war zu hören. Sie fischten ihre Besitztümer vom Rollband und gingen weiter, als ob nichts gewesen wäre. Nach einigen Metern, wurde er von einer Hand am Weitergehen gehindert.

„Bitte folgen Sie mir", verlangte eine Frauenstimme. Als sich Sebastian umdrehte, blickte er in das Gesicht der Frau, die er damals in der Zisterne gesehen hatte, zu deren Gesicht er noch immer keinen Namen hatte. Sie zeigte mit ihrer freien Hand in Richtung einer Bank, die an einer Wand befestigt war. Die drei gingen geschlossen auf die Bank zu, setzten sich und warteten auf das, was jetzt passieren würde. „Mein Name ist Fatma Kaçuk. Ich arbeite mit Erkan Yildiz zusammen bei der TADE. Ich war als Doppelagentin eingeschleust, um mitzuhelfen, den Drogenring von Innen zu sprengen", erklärte sie. Die Augen der drei wurden groß.

„Was? Sie arbeiten mit Yildiz? Sie haben uns extra auffliegen lassen?" zischte Sebastian. Die Frau schüttelte den Kopf.

„Nein. Das war ein Zufall. Geplant war, dass ihr ohne Probleme den Zoll passiert, wie heute Cédric und Stefanie. Wir wussten nicht, dass ihr nicht dem Kartell angehört und wollten sehen, wie es in München weitergeht."

„Wie wissen wir, dass wir Ihnen trauen können?", wollte Fabian wissen. Die Frau kramte aus ihrer Tasche einen Ausweis und hielt ihn den dreien vor die Nase: TADE.

„Okay Frau Kaçuk. Danke für Ihre Ehrlichkeit. Wenn es Ihnen nichts ausmacht, würden wir jetzt gerne unseren Flug erwischen und aus diesem Land ausreisen", sagte Gloria in einem kühlen Ton. Fatma nickte und verabschiedete sich.

Endlich! Fast eine Woche nach dem eigentlichen Abflugtermin, saß Sebastian auf seinem Platz im Flieger, der ihn nach Deutschland zurückbringen sollte. Auf der einen Seite neben ihm, saß seine Mutter, auf der anderen Fabian. Fabian, der sich um ihn sorgte und ihn dennoch betrogen hatte. Fabian, den er liebte und der sein Vertrauen missbraucht hatte. Fabian mit dem großen Penis und den blauen Augen. Fabian, der ihm den Finger gerichtet hatte und dem er sein Leben verdankte. Hätte ihn Fabian nicht belogen und betrogen, wären sie an diesem Tag, in diesem Keller gestorben, da war er sich sicher. Fabian war ein kluger, junger Mann, der ihnen beiden das Leben gerettet hatte. Aber was noch viel schwerer wog war die Tatsache, dass sich Fabian in Gefahr begab, wohl wissend, dass es so enden würde. Er tat es für Sebastian. Obwohl sie seit dem Zwischenfall im Keller kaum ein Wort miteinander gesprochen hatten, drehte sich Sebastian zu Fabian um, blickte in seine Augen, lächelte und küsste ihn auf den Mund. Verdattert küsste ihn Fabian zurück, bevor sich Sebastian von dem Kuss löste und ihn lange ansah.

„Fabian, du bist bleich und siehst nicht gut aus. Tut dir was weh?", wollte Sebastian wissen, als er das Gesicht seines Freundes genauer betrachtete. Fabian schüttelte den Kopf und meinte kühl:

„Es geht mir gut, danke. Ich fühle mich nur ein wenig unwohl, das ist alles."

„Cabin Crew ready for take-off", erklang es aus den Lautsprechern.

„Okay, dann sehen wir mal zu, dass wir nach Hause kommen", meinte Sebastian, als er seine Hand in die Hand seines Freundes legte und wieder aus dem Fenster sah.

Das Kerosin wurde in die Düsen und weiter in die Triebwerke des Airbus A321 gepumpt und das Passagierflugzeug nahm Geschwindigkeit auf. Die Passagiere wurden in die Sitze gedrückt, als das tonnenschwere Gefährt über die Startbahn raste, um die richtige Abhebegeschwindigkeit zu erreichen. Die Plastikkonstruktionen knarrten und die Gepäckstücke der Flugpassagiere schepperten in den Overhead Compartments.

Sebastian konnte einen letzten Blick auf das imposante Gebäude des Atatürk-Flughafens werfen, bevor die Gummireifen ihre Bodenhaftung verloren und sich in die Lüfte erhoben. Sebastians Magen befand sich auf einer Berg- und Talfahrt und schwebte im luftleeren Raum. Kein gutes Gefühl und doch turnte es ihn irgendwie an, die Kraft dieser Maschine, der Triebwerke in seinen Eingeweiden zu spüren, wie er nach oben in die Lüfte gehoben wurde und schon bald in München landen würde.

Die Anschnallzeichen wurden ausgeschaltet und die ersten Passagiere machten sich auf den Weg zu den Toiletten. Sebastian genoss die Musik, die aus seinen Kopfhörern dröhnte, und schloss die Augen. Er war froh, dass die Strapazen der letzten Tage endlich vorüber waren. Ihm fielen vor Erschöpfung die Augen zu. Nach drei Stunden wachte Sebastian wieder auf und blickte zu seinem Freund hinüber. Wie das klang: Freund. Fabian war ruhig, zu ruhig. Er atmete flach und war weiß wie ein Laken.

„Fabian! Was ist los?", wollte er wissen, als er die Hand seines Freundes drückte.

„Mir ist nicht wohl und mein Magen tut weh", fasste er kurz zusammen. Sebastian legte seine Hand auf Fabians Stirn und wich erschrocken zurück.

„Du glühst! Mama, Fabian geht's nicht gut." Seine Mutter drehte sich sofort um und nahm ihre Schlafmaske ab. Sie legte ihre Hand auf Fabians Stirn und rief eine Stewardess. Die junge Frau sah sich den Patienten an und brachte sofort ein nasses Tuch.

„Einen Moment bitte, ich werde sehen was ich tun kann", sagte sie, bevor sie sich in die Business Class verzog. Kurze Zeit später ertönte über die internen Lautsprecher der Aufruf: „Sehr verehrte Fluggäste, ich bitte um Ihre Aufmerksamkeit! Haben wir zufällig einen Arzt an Bord? Wir bitten Sie, sich bei der Cabin Crew zu melden. Vielen Dank!" Die junge Flight Attendant kam zurück und bat die drei nach vorne in die Business Class.

„Wir haben noch freie Plätze, dort sind sie ungestörter", erklärte sie ihre Absicht. Gloria stand auf und half Fabian nach oben, während Sebastian dem Verletzten von hinten aufhalf. Sie brachten Fabian nach vorne und setzten ihn auf einen freien Sitz mit mehr Beinfreiheit. Die Lehne des Stuhls wurde so weit wie möglich nach hinten geneigt, um ihm ein möglichst bequemes Bett zu gestalten. Sie deckten ihn mit einer Wolldecke zu und Sebastian setzte sich neben ihn und hielt seine Hand. Gloria wirkte nachdenklich und besorgt.

Fabian sah gar nicht gut aus.

Er war kurzatmig, bleich, schweißig und zitterte am ganzen Körper. Zudem konnte er kaum mehr einen richtigen Satz bilden, so schwach war er.

„Bitte hierher, Doktor", sagte die Stewardess, als ein Mann nach ihr durch den Vorhang trat.

„Mein Name ist Dr. Markus Jenker. Ich bin Allgemeinmediziner und möchte Ihnen helfen", stellte sich der Arzt vor, als er Sebastian und seiner Mutter die Hand reichte. Beide nickten und deuteten auf den zitternden Fabian. Der Arzt kniete sich neben Fabian und hielt ihm die Hand an die Stirn. Er fragte, was passiert sei und die Familie erläuterte, was alles vorgefallen war. Die Tritte von Yildiz, der Arztbesuch, die erneuten Schläge in den Magen durch Muhammad. Der Doktor nickte und runzelte die Stirn. „Ich will mir seinen Bauch ansehen und ihn abtasten. Ich vermute eine stumpfes Bauchtrauma." Sebastian half dem Doktor Fabian von der Wolldecke sowie dem T-Shirt zu befreien. Sein Bauch und Brustkorb sahen erschreckend aus. Unter der Haut waren dunkelviolette und dunkelrote Stellen sichtbar. Blutergüsse.

Der Arzt tastete ganz behutsam Fabians Bauch ab und drückte mit zwei Fingern hinein. Fabian zog sich zusammen, stöhnte und wimmerte.

„Hören Sie auf! Sie tun ihm ja weh", rief Sebastian entsetzt. Dr. Jenker drehte sich zu Gloria um und nickte ihr zu. Sie schien sofort zu verstehen, um was es ging und sagte:

„Sebastian. Komm mit mir nach hinten. Der Doktor muss seine Arbeit machen und das kann er nicht, wenn du ihm im Weg bist. Also komm!" Sebastian stand missmutig auf und wollte seinen Freund nicht alleine lassen. Doch er sah ein, dass er die Arbeit des Spezialisten hier nur verkomplizierte. Also stand er auf und ging mit seiner Mutter zurück in die Holzklasse.

Dr. Jenker tastete weiter den verletzten Bauch ab und fragte nach den Schmerzen, die Fabian empfand. Er wollte auf einer Skala von 1 bis 10 wissen, wie sehr es ihn schmerzte, wenn er in die verschiedenen Areale des Bauchs drückte. Meistens war Fabians Antwort:

„12."

Nach fünf Minuten kam der Arzt nach hinten, um sich mit Gloria und Sebastian zu unterhalten.

„Fabian hat ein Bauchtrauma erlitten. Die Tritte scheinen die inneren Organe verletzt zu haben, die Schläge im Keller haben die Verletzungen reißen lassen. Ich vermute, dass es sich um eine Milzruptur handelt. Die Situation ist ernst, er muss schnellstmöglich operiert werden."

„Wie denn, wir sind in der Luft?", wollte Sebastian panisch wissen.

„Wir landen in 30 Minuten. Wir verständigen die Ambulanz und so kann der Patient sofort in das nächste Krankenhaus gefahren werden", bot die Stewardess an.

Der Arzt nickte und sagte: „Veranlassen sie alles! Kontaktieren Sie das Uniklinikum München, sodass dort alles vorbereitet werden kann." Die Frau nickte und verschwand durch den Vorhang, der die beiden Klassen voneinander trennte.

„In der Zwischenzeit müssen wir dafür sorgen, dass seine Temperatur sinkt und er mit genügend Flüssigkeit versorgt ist. Er darf nicht in einen Schockzustand verfallen", sagte Dr. Jenker zu den Polas.

Immer wieder tupfte Sebastian mit dem nassen und kühlen Lappen über Fabians feurige Stirn und das Gesicht. Dieser schwitze und war kreidebleich. Er zitterte am ganzen Körper und war kaum ansprechbar. Seine Mutter flößte ihm Wasser ein, das er wiederwillig trank und wovon er das meiste aber wieder aushustete. Sebastian beugte sich zu seinem Freund nach unten und flüsterte ihm leise zu:

„Du wirst durchhalten! Hast du gehört? Ich will dich nicht verlieren. Ich bin bei dir und wir gehen da gemeinsam durch, okay?" Ein angedeutetes Nicken von Fabian war die einzige Antwort die Sebastian bekam. „Es tut mir so leid. Meine egoistischen Gedanken, dass ich dich mit Schweigen gestraft habe, dass ich so kindisch war. Ich will dich nicht verlieren!" Er hielt Fabians Hand und wischte ihm immer wieder über die Stirn. Den Lappen legte er zeitweise vorsichtig auf seine Stirn, um ihn zu kühlen. Der Arzt kontrollierte regelmäßig die Atmung sowie den Puls des Verletzten und organisierte mit der Besatzung das weitere Vorgehen.

„Cabin Crew ready for landing", hieß es aus den Lautsprechern des Airbus und Sebastian, seine Mutter und der Doktor mussten sich hinsetzen und anschnallen. Die Landung verlief problemfrei und sanft. Fabian lag auf dem ausgestreckten Sitz und bewegte sich kaum. Als das Flugzeug zum Standplatz gelotst wurde, meldete sich der Pilot zu Wort: „Danke, dass Sie mit Lufthansa geflogen sind. Wir möchten Sie nun bitten, auf Ihren Plätzen sitzen zu bleiben. Wir haben einen Notfall an Bord und möchten den Sanitätern freien und schnellen Zugang zum Patienten ermöglichen. Bitte bleiben Sie sitzen, bis das entsprechende Zeichen erlischt. Vielen Dank für Ihre Unterstützung!"

Sobald die Fahrgastbrücke angedockt und die Türen geöffnet wurde, kamen bereits der Sanitäter und Notarzt herbeigeeilt. Sie checkten Fabians Puls und seine Atmung, bevor sie ihm einen intravenösen Zugang legten, Medikamente spritzten und ihn auf eine Bahre hievten. Weitere Helfer kamen hinzu und so wurde Fabian aus dem Flugzeug gebracht. Sebastian und seine Mutter folgten dicht dahinter. Die fahrbare Bahre wurde über die Fahrgastbrücke in das Flughafengebäude geschoben und von dort direkt mit dem Aufzug nach unten ins Parterre gebracht. Durch eine Glastür wurde Fabian nach draußen und in einen Krankenwagen geschoben. Sebastian wollte bereits einsteigen, als er von einer Notfallmedizinerin daran gehindert wurde.

„Gehören Sie zur Familie?", wollte sie in einem strengen Ton wissen.

„Ich bin sein Freund und will mit ihm ins Krankenhaus fahren!", stellte Sebastian klar, bevor er sich an der Frau vorbeidrängte und neben Fabian Platz nahm. Die Frau wollte noch protestieren doch der diensthabende Arzt nickte und so wurde die Tür geschlossen und die Fahrt ging los.

Die Fahrt und die Ankunft im Uniklinikum gingen schnell und Sebastian wusste im Nachhinein gar nicht mehr, was alles passiert war. Kurz bevor der Krankenwagen ankam, fing Fabian an zu zittern und verlor das Bewusstsein. Sein Plus sank bedrohlich, worauf man ihn künstlich beatmete.

„Fabian? Was ist mit Fabian? Verdammt nochmal!", stammelte Sebastian schockiert, während sich die Profis um seinen Freund kümmerten. Als der Wagen zum Stillstand kam und die Türen aufgerissen wurden, ging alles noch viel schneller. Fabian wurde auf der Bahre nach draußen gehievt und die Ärzte verschwanden mit ihm im Inneren des Klinikums. *Ich will dich nicht verlieren!*, dachte Sebastian als er wie ein Betrunkener aus dem Ambulanzwagen torkelte und in die Notaufnahme schwankte. Er wurde in ein Wartzimmer gebeten und auf einen Stuhl gesetzt.

„Bleiben Sie ruhig, alles wird gut", hatte ihm die Krankenschwester versprochen. Dürr, arrogant und mit blonden Haaren stand sie vor ihm und lächelte mit ihren künstlich roten Lippen zu ihm hinunter. *Was weißt du schon, du Tussi!*, dachte Sebastian, bevor er sich von ihr wegdrehte und aus dem Fenster starrte. Die Angst um seinen Geliebten wurde immer größer, als er die paar Sekunden, bevor Fabian aus dem Krankenwagen gehoben wurde, nochmals Revue passieren ließ. Fabian war bewusstlos und musste beatmet werden. Sebastian hatte zugesehen, wie man seinem Freund einen Gummischlauch in den Rachen schob und ihn mit einem Ambubeutel beatmete. Es war schrecklich! Und der Gesichtsausdruck der Profis verriet nichts Gutes.

„Bitte, bitte! Nimm ihn mir nicht weg", flehte Sebastian als er weiter aus dem Fenster starrte und um Fabian bangte. Plötzlich legte ihm jemand eine Hand auf die Schulter. Als er sich umdrehte, sah er in das besorgte Gesicht seiner Mutter.

„Was ist passiert?", wollte sie wissen, bevor sie sich neben ihn setzte und ihm in die Augen schaute.

„Er wurde bewusstlos, sie haben ihn beatmet und ihm Medikamente gespritzt. Danach wurde er in den OP gerollt. Das war jetzt vor einer Stunde." Seine Mutter nickte und sagte:

„Es wird alles gut. Hab Vertrauen!" Sebastian konnte die Tränen nicht zurückhalten, woraufhin ihn seine Mutter in die Arme schloss und ihm sanft über den Kopf strich.

„Endlich kann ich dir auch einmal über den Kopf streicheln. Früher hättest du mich getötet, wenn ich deine kostbare Frisur ruiniert hätte", spöttelte sie leise. Sie beide mussten kurz lachen und Sebastian sah sie aus feuchten, roten Augen an.

„War ich wirklich so schlimm?" Sie nickte kurz und küsste ihn auf die Wange.

„Viel Schlimmer! Nein, natürlich nicht. Du warst einfach – unreif. Das hat sich durch diesen Urlaub geändert. Unfreiwillig. Ich bin froh, dass du erwachsen geworden bist und dich nun auch um andere Dinge sorgst, als nur um deine Haare!" Sebastian nickte gedankenverloren und wurde erneut still.

„Was ist, wenn er stirbt? Es ist meine Schuld. Ich habe ihn zum Weitermachen angestiftet!"

„Er wird nicht sterben. Hier arbeiten nur Profis, die kümmern sich um Fabian. Hast du verstanden?", beruhigte sie ihn. Sebastian nickte zögerlich. „Fabian ist erwachsen, er wusste, worauf er sich einließ, hat sich dafür entschieden. Ihr beide seid ein großes Risiko eingegangen und konntet diese Typen am Schluss überführen." Sebastian nickte erneut und schloss die Augen.

Er wusste nicht, wie lange er gedöst hatte, als er im Schoß seiner Mutter erwachte. Eine junge Ärztin kam gerade zu ihnen.

„Sebastian? Er verlangt nach Ihnen!", sagte sie. Mit großen Augen blickte er die schlanke, junge Frau an.

„Wie geht es ihm?", wollte er wissen.

„Kommen Sie! Ich erzähle es Ihnen auf dem Weg", meinte sie, als sie sich schon umdrehte und loslief. Sebastian folgte der jungen Frau die Flure entlang, bis sie bei einem Patientenzimmer ankamen.

„Die Operation ist gut verlaufen. Die Milz konnte entfernt werden, die Blutung gestoppt. Es wird ihm noch einige Tage mies gehen, bevor sich sein Körper wieder erholt. Helfen Sie ihm da durch!", sagte die Ärztin. Sebastian nickte, bedankte sich bei ihr und drückte die Türklinke nach unten, um in das sterile Zimmer zu treten. Die Vorhänge waren zugezogen und so drang das Licht nur gedämpft in den Raum. Fabian lag in einem Zweierzimmer, doch das zweite Bett war leer. Sebastian rannte auf Fabian zu, nahm seine Hand und drückte sie sanft. Fabian drehte langsam seinen Kopf zu Sebastian und lächelte ihn müde an.

„Du bist hier", sagte er benommen.

„Klar bin ich hier. Wo sollte ich wohl sonst sein, du Trottel!", flüsterte Sebastian, als er seinem Freund ein Lächeln schenkte. „Wie geht's dir?", wollte er wissen. Fabian hustete bevor er sagte:

„Wie wenn ich von einem kleinen, fetten, reichen, türkischen Mann zusammengeschlagen worden wäre." Sebastian musste lachen und wusste in diesem Moment, dass er seinen Lebenspartner gefunden hatte und dass er sich schon bald besser fühlen würde. Sebastian drückte ihm einen Kuss auf die Wange und setzte sich zu ihm ans Bett, um seine Hand halten zu können.

„Ich liebe dich", sagte er leise.

„Ich liebe dich auch."

Haarwuchs

„Seb? Wo bist du?", rief Fabian durch die Wohnung.

„Im Bad!", rief Sebastian zurück. Fabian schlenderte durchs Schlafzimmer und öffnete die Tür, die zum Badezimmer führte. Dort stand Sebastian vor dem Spiegel und betrachtete seinen Körper. Drei Monate nach den Strapazen in Istanbul waren Sebastians Haare wieder einige Zentimeter nachgewachsen und legten von Tag zu Tag an Länge zu. Er war athletisch, schlank, groß, feingliedrig. Seine blonden, kurzen Haare waren wunderschön und sexy. Fabian liebte es, darüber zu streichen und ihn zu berühren, seinen Kopf entlang zu fahren und Sebastians Schädelkonturen zu fühlen. Mit warmem Blick sah Fabian zu, wie er sich im Spiegel betrachtete. „Was denkst du?", fragte Sebastian nach einer Weile.

„Ich denke, dass ich großes Glück im Unglück hatte, dass ich dich in dieser Gefängniszelle wiedersehen durfte." Sebastians Gesicht erhellte sich mit einem Lächeln und als seine Zähne hervorblitzten, war es um Fabian geschehen. Er streckte seine Hand aus und berührte Sebastian an den Schultern. Dieser drehte sich langsam um und schmiegte seinen Körper an Fabian. Er legte seinen Kopf auf dessen Schulter. Sebastians Finger war wieder verheilt, er konnte ihn normal bewegen und hatte kaum noch Beeinträchtigungen oder Schmerzen. Die Blutergüsse und Prellungen an Fabians Körper waren schon lange verschwunden und die Narben vom Eingriff waren kaum grösser als eine Euromünze. Drei kleine Narben zierten seit dieser Notoperation seinen Oberkörper, dort wo die Ärzte mit der Apparatur eindrangen, um die Milz zu entfernen und die Blutung zu stillen. Fabian erholte sich sehr gut und schnell. Sebastian versorgte ihn mit den passenden Medikamenten und kümmerte sich liebevoll um ihn.

Es war schnell klar, dass Fabian bei Sebastian einzog, da sich jemand um ihn kümmern musste und die Liebe der beiden von Tag zu Tag stärker wurde. Sie wollten beieinander sein, sich in den Armen halten und gemeinsam genesen. Sebastian war ein führsorglicher und liebevoller „Pfleger", der auch ganz besondere Dienste anbot, was Fabian natürlich äußerst gut gefiel.

„Da ist aber jemand ganz schön freudig", schmunzelte Sebastian, als er Fabians harten Penis durch die Jeans berührte. Dieser grinste nur verschmitzt und flüsterte:

„Du weißt doch, wie mich dein Körper anturnt, oder?" Sebastian nickte und massierte Fabians Glied durch die Hose. Er begann an Fabians Ohrläppchen zu knabbern, was diesem ein Grinsen ins Gesicht trieb. „Komm!", sagte Fabian, als er seinen Freund an der Hand nahm und ihn ins Schlafzimmer führte.

Sebastian war bereits nackt und legte sich aufs Bett. Fabian begann sich auszuziehen und Sebastian verfolgte das Schauspiel gebannt. Er biss sich auf die Unterlippe und sah lüstern zu, wie sich Fabian entkleidete. Langsam und bedächtig, zog dieser zuerst das T-Shirt über den Kopf und fuhr sich langsam über seine Brust und seine Brustwarzen. Eine Peepshow ganz alleine für Sebastian.

„Du bringst mich noch um! Komm endlich her!", forderte Sebastian.

„Nur ruhig. Wir haben Zeit!", sagte Fabian, bevor er sich weiter berührte und mit seinen Händen den eigenen Körper ertastete um damit Sebastians Lust anzustacheln. Er zog seine Hose langsam nach unten und massierte mit seiner Hand über seine harte Erektion. Als er seine Boxershorts ebenfalls nach unten zog und sein hartes Glied präsentierte, musste Sebastian leer schlucken. Als er seinem Freund zusah, wie er sich berührte und was er alles mit seinem Penis anstellte, wurde es ihm warm. Fabian massierte seine Hoden und seinen Schaft, was Sebastian ein Stöhnen entlockte. Fabian grinste ihn frech an und meinte zwinkernd: „Nicht dass du mir kommst, bevor ich dich durchgerammelt habe! Hast du verstanden?"

„Wenn du noch lange so weitermachst, dann könnte das durchaus passieren", neckte ihn Sebastian mit einem Zwinkern.

„Wage es nicht, du kleiner Lustmolch!", lachte Fabian, als er seinen Penis losließ. Das pralle Glied pendelte leicht vor seinem Körper, die Spitze war bereits feucht.

„Lustmolch? Ist das dein Ernst?", feixte Sebastian, bevor er sich langsam und lasziv aufstemmte und an den Bettrand rückte. Er umfasste Fabians Hüften mit seinen Händen und zog ihn langsam zu sich hin. Als die gerötete Eichel Sebastians Wange traf, spürte er die heiße Feuchtigkeit, die aus der Spitze perlte. „Wer ist denn hier schon so feucht wie ein Wasserfall?", meinte er grinsend, bevor er die triefende Eichel mit seiner Zunge umrundete und die Lusttropfen aus dem Schlitz leckte. Fabian keuchte auf. Lächelnd versenkte Sebastian den prallen Schaft – bis zum Anschlag – in seinen gierigen Mund. Fabian stöhnte auf und packte Sebastian am Hinterkopf um ihn tiefer auf sich zu ziehen. Sebastians wunderschöne Augen sahen ihn von unten an. Devot, lüstern, willig. Er begann in diesen warmen Mund zu stoßen, sich immer tiefer in ihn vorzuarbeiten. Vor und zurück. Tiefer und fester. Das Paradies. Sebastian entspannte seinen Kiefer und Fabian konnte noch tiefer vorstoßen. Ein unheimlich erotisches Gefühl. Sinnlich und prickelnd. Fabian spürte, wie sich sein Orgasmus bereits in seinem Inneren zusammenbraute. Dieses exquisite Zucken und Ziehen im Unterleib kündigte die nahende Erlösung an. Inzwischen wusste Sebastian natürlich sehr genau, wann es soweit sein würde und gab Fabian seine Zustimmung, sich in seinem Rachen zu entleeren. Fabian schloss die Augen und penetrierte noch zwei-, dreimal diese feuchte Enge. Mit einem dunklen Stöhnen schoss der erste Schwall in Sebastians Mund. Fabians Penis zuckte wild und seine Hoden pumpten das milchige Sekret durch den langen und dicken Schaft. Er zog sich zurück und melkte sich selbst mit der Hand weiter, schoss seinen Samen über Sebastians Gesicht, markierte ihn. Dieser genoss die warme Dusche, schloss die Augen und ließ sich in Besitz nehmen. Er gehörte zu Fabian, daran gab es keine Zweifel mehr. Nachdem Fabians Orgasmus vorbei war, sich seine Muskeln langsam wieder entspannten und er wieder normal atmen konnte, sah er sich die Sauerei an, die er auf Sebastians Gesicht veranstaltet hatte.

„Seb, das war der helle Wahnsinn! Aber – du – du hast dich wiedermal eingesaut!", meinte er lüstern, als er sich nach unten beugte und mit seiner Zunge über Sebastians Wange leckte. Der warme Samen war irgendwie – bitter und doch so unheimlich erotisch. Dieser Geruch nach Sex und Vollkommenheit.

„Du – du bist dermaßen versaut, dass ich gar nicht weiß, ob ich entsetzt oder erregt sein soll!", meinte Sebastian grinsend, bevor er Fabian in einen innigen Zungenkuss verstrickte. Sie genossen den Samen zusammen, leckten, saugten und schluckten, als ob es kein Morgen gäbe. „Und was ist jetzt mit meinem Ritt auf dem Monstrum?", meinte Sebastian, bevor er Fabians halbschlaffen Penis sanft mit seiner Hand umschmeichelte.

„Zuerst sollten wir dich vielleicht saubermachen. Was hältst du davon?"

„Nein, lass es drauf. Ich bin gerne von dir markiert."

„Wer ist hier versaut? Was gefällt dir denn noch so?"

„Wenn ich auf deinem Monsterständer reiten kann, dein Gesicht sehe, wenn du tief in mir abspritzt!"

„Das gefällt mir auch. Na dann komm", meinte Fabian, als er sich aufs Bett legte und mit seinen Händen den mittlerweile wieder vollerigierten Penis aufstellte und Sebastian zuzwinkerte.

„Ich liebe dich, Seb!", sagte er.

„Und ich liebe dich!", gab dieser zurück, bevor er sich über seinen Liebhaber erhob, um sich auf ihn hinuntersinken zu lassen.

Epilog: Vergeltung

Erkan Yildiz pfiff auf dem Weg zur Arbeit ein fröhliches Liedchen. Seit er den Muhammad-Drogenring ausgehoben hatte, wurde er in seinem Departement als Held gefeiert. Natürlich hatte er sich grausam vertan, als er Sebastian und Fabian gefoltert und gequält hatte. „Wer hätte wissen können, dass sie zufällig ausgewählte Kuriere waren? Niemand", beschwichtigte Erkan leise sein eigenes schlechtes Gewissen. Es tat ihm leid, wie er die beiden behandelt hatte und doch konnte er sich nie dazu durchringen, sich bei den Schwuchteln zu entschuldigen. Es wäre für ihn eine Erniedrigung gewesen, sich bei zwei Schwulen zu entschuldigen.

„Pah, was denken die denn?", fragte er sich laut, bevor er kopfschüttelnd weiterging. Mit dem Gedanken, dass Homosexuelle die gleichen Rechte wie er haben sollen, konnte er sich einfach nicht anfreunden. Er setzte die beiden absichtlich als Köder ein, um zu Muhammad vorzustoßen, ihn zu überführen. Ethisch und moralisch gesehen nicht vertretbar und doch zwang ihn sein Sieges- und Kampfeswille gegen das organisierte Verbrechen zu solch unkonventionellen Mitteln, um die Ganoven zu überführen. Er war nun der Held des Dezernates, was wollte er mehr? Dafür wäre die eine Tunte beinahe gestorben. Seine Regierung ist für sämtliche Kosten aufgekommen und Yildiz wurde von offizieller Stelle abgemahnt. Nochmals ein solcher Verstoß und er könnte sich aus dem öffentlichen Dienst verabschieden. Als er im Aufzug nach oben in die Räumlichkeiten der TADE fuhr, wollte ihn das schlechte Gefühl nicht verlassen, dass er schon heute Morgen nach dem Aufstehen hatte.

Irgendetwas stimmt hier nicht. Aber was?, fragte er sich. Als die Lifttüren aufgingen, ahnte er böses. Seine Kollegen grinsten ihn an und tuschelten unter vorgehaltener Hand. *Was zum Teufel?*, fragte sich Yildiz.

„Hallo Erkan", sagte der Erste und machte eine explizite Bewegung mit seiner Hand. Ein Abknicken des Handgelenks. Seine Stimme war zudem komisch.

149

„Ach, Erki!", meinte ein anderer explizit schwul zu ihm. Die Kollegen, die um ihn herumstanden kicherten, einige drehten sich ab und gingen davon.

„Guten Morgen Mustafa", sagte Erkan zu seinem Bürokollegen. Dieser würdigte ihn keines Blickes, sondern schlich still davon. Er spürte, wie ihm die Blicke seiner Kollegen Löcher in die Haut fraßen. „Was zum Henker?", donnerte er los, als er sein Büro betrat.

Es traf ihn beinahe der Schlag.

Auf seinem Schreibtisch lagen unzählige Postkarten. Ein riesiger Haufen mit Postkarten für Erkan Yildiz.

„Was soll dieser Scheiß?", wetterte er, als er die erste Postkarte von seinem Schreibtisch aufnahm und das Motiv darauf studierte. Seine Augen wurden groß, entsetzt blickte er auf die beiden halbnackten Männer auf der Postkarte, die explizit posierten und ihre Hände an Orten hatten, an denen keine Hand eines anderen Mannes etwas zu suchen hatte. Auf der Rückseite stand auf Türkisch:

„Erkan, es war sehr schön mit dir. Wir freuen uns auf den nächsten Besuch bei dir in Istanbul." Yildiz schleuderte die Postkarte in die Ecke und nahm die nächste. Darauf war zu lesen:

„Erkan, Schätzchen. Du warst der Hammer, mein Starker! Küsschen." Auf der Vorderseite war ein Bild von einem Mann in pinken Strumpfhosen und mit nacktem Oberkörper.

„Scheiße, was soll das?", fluchte er. Er schmetterte die Karte davon und nahm die nächste.

„Erkan Yildiz! Du bist ein zärtlicher Liebhaber. Ich habe die gemeinsamen Stunden sehr genossen! Küsschen." Auch auf dieser Karte war ein halbnackter Mann abgebildet, der seine Erektion mit seinen Händen verdeckte.

„Scheiße, Scheiße! Das wird mich ruinieren!", wetterte er, als er einen ganzen Stoß aufnahm und die Nachrichten lass.

„Hi Erkan. Mein Großer, du warst atemberaubend."

„Hallo Kleiner. Deine Öffnung war so geil. Ich freue mich auf ein Wiedersehen." Als er diese Karte umdrehte, war darauf ein fetter Kerl in einem Lederkostüm zu sehen.

„Erki, mein Hintern schmerzt noch immer. Bis bald."

„Yildizchen, deinen Frauenkleider-Fetisch musst du bei mir nicht verstecken. Ich liebe es, dir dabei zuzusehen, wie du dich verwandelst und zu etwas Wunderschönem wirst." Als Erkan diese Postkarte umdrehte, war darauf ein alter Mann zu sehen, der seinen faltigen Penis mit seiner schrumpeligen Hand verdeckte und zwinkerte. Alle Postkarten waren mit Männerfotos und solchen Sprüchen versehen. Da die Karten während seines Urlaubs eingetroffen waren, hatten seine Kollegen jede Menge Zeit die Postkarten zu lesen und sich ihre Gedanken zu machen.

„Verdammte Scheiße", wetterte Erkan, als er sämtliche Postkarten von seinem Schreibtisch in den Papierkorb wuchtete. „Was soll das? Wer verarscht mich hier?", donnerte er gereizt, als er die Schmuddel-Karten entsorgte. Gerade als er wieder aus dem Büro stürmen wollte, sah er, dass ganz zu unterst ein gelber Umschlag lag. Darauf stand sein Name. Er öffnete das Kuvert mit seinem Brieföffner und fischte eine weitere Postkarte heraus. Auf der Vorderseite war ein Foto von Sebastian Pola und Fabian Krause. Sie hielten sich in den Armen und küssten sich leidenschaftlich. Sie hatten nicht viel mehr als je einen kleinen Slip an. Sebastian hielt sich an Fabians Pobacken fest, während Fabian an Sebastians Nippel zu Gange war. Auf der Rückseite stand auf Deutsch:

„Lieber Erkan. Vielleicht solltest du es dir das nächste Mal besser überlegen, bevor du andere Menschen beleidigst, erniedrigst und verletzt. Wir sind alle gleich viel wert und niemand hat es verdient, dass er für minderwertig befunden wird. Kapier das endlich! Das Blatt könnte sich nämlich eines Tages wenden und du selbst gerätst in ein schiefes Licht. Du kennst ja die Redewendung: Wer anderen eine Grube gräbt ... Es grüßen, deine Drogen-Tunten." Zwei rote Kussmünder waren auf die Karte gepresst worden. Der Lippenstift roch noch immer nach Gummibärchen und Erkan hatte keine Zweifel daran, dass er gerade von zwei Schwulen „gefickt" worden war. Wutentbrannt schleuderte er diese Postkarte in den Papierkorb und setzte sich hin. Nach einer Weile musste er laut lachen und schüttelte den Kopf.

„Clever. Äußerst clever", murmelte er, nachdem er sich vom ersten Schrecken erholt hatte. „Die Rache der Drogen-Tunten. Ich habe verstanden. Hätte ich mich doch entschuldigt!" Ob er sich jetzt einen neuen Job suchen musste, wusste Erkan Yildiz zu diesem Zeitpunkt noch nicht. Seine zum Teil äußerst konservativen Kollegen würden ihm nun sicher die Hölle heiß machen und zu erklären, dass dies nur ein böser Scherz war, wäre sicher zwecklos. Die Tür zu seinem Büro wurde aufgerissen und der Kommandant seiner Einheit trat ein. Er hatte einen verbitterten Gesichtsausdruck aufgesetzt und wirkte gereizt und aggressiv:

„Erkan. Jetzt ist die Kacke aber am Dampfen. Gloria Pola hat sie am internationalen Gerichtshof für Menschenrechte angeklagt. Erniedrigung, körperliche Gewalt, psychische Gewalt, diskriminierende Beschimpfungen und unrechtmäßige Inhaftierung zu unmenschlichen Bedingungen sind die Anklagepunkte. Sie werden sich der Anklage stellen müssen, Erk–" stoppte der Kommandant, als er die Postkarten sah, wie sie im ganzen Raum verteilt waren „Was ist das?", wollte er wissen, als er auf sie deutete. Zuoberst war diejenige von Fabian Krause und Sebastian Pola. Das Gesicht des Kommandanten verfärbte sich beinahe dunkelrot und seine Augenbrauen zogen sich wüten zusammen.

Scheiße!, dachte Erkan Yildiz.

ENDE ...

Das instabile Kartenhaus aus Geld, Macht und Ansehen bricht über dem Kopf von Xaver McJohnson zusammen, als sein Vater auf grausamste Art und Weise getötet wird. Die Beweise, die dieser über eine geheime Organisation (PAWS) gesammelt hat, sind – im wahrsten Sinne des Wortes – tödlich. Die Entscheidungsträger von PAWS wollen nicht, dass die Informationen an die Öffentlichkeit gelangen und starten eine schonungslose Verfolgungsjagt, die Xaver an den Rand seiner Kräfte und seiner Gesundheit treibt. Er muss einschneidende Verluste verkraften und das komplexe Rätsel lösen, das ihm sein Vater hinterlassen hat.

Der junge, ahnungslose Mann fühlt sich anfangs einsam und verloren. Doch ein Bodyguard und ein FBI-Spezialagent helfen ihm auf seinem beschwerlichen Weg und wollen die Verbrecher überführen. Xaver entwickelt Gefühle für beide Männer, weiß aber nicht, dass einer von ihnen ein falsches Spiel treibt. Bald muss er sich zwischen einem der beiden entscheiden.

Wird Xaver McJohnson rechtzeitig erkennen, wer sein wahrer Verbündeter ist? Kann er sich gegen den mächtigen Geheimpakt durchsetzen?

ISBN Paperback   978-3-86361-467-6

ISBN E-Book   978-3-86361-468-3

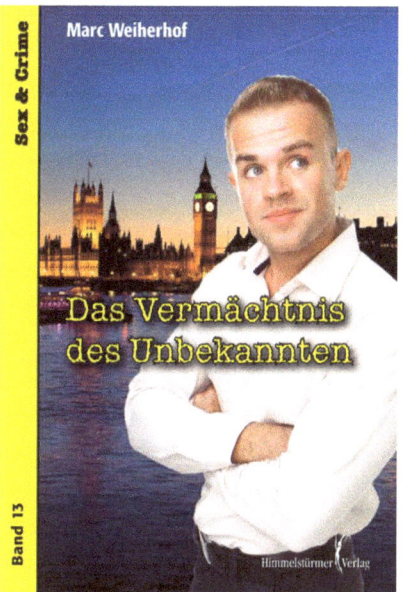

Silvan Becker ist homosexuell, vermögend, erfolgreich und Vater von den beiden süßen Adoptivkindern Alexia und Tom. Mit viel Engagement kümmert er sich um seine Racker und um die Expansion seiner eigenen Firma. Silvans Sexleben besteht aus einer Vielzahl unbedeutender Liebschaften, aus denen sich jedoch nie eine ernsthafte Beziehung entwickelt. Als er es am Wenigsten erwartet, macht er die Bekanntschaft eines knackigen Handwerkers, der ihm den Kopf verdreht und die Sinne vernebelt.

Als seine Kinder von genau diesem Geliebten entführt werden, begibt sich Silvan auf eine riskante und abenteuerliche Reise, die ihn zu Taten treibt, die er niemals für möglich gehalten hätte. In Mexiko muss sich Silvan dem Vermächtnis des Unbekannten stellen und erfährt dabei erschütternde Details zur Vergangenheit seiner Kinder, die ihn so schnell nicht wieder loslassen. Er riskiert sein Leben, muss unvorstellbares Leid ertragen, tötet und wächst über sich hinaus. Immer wieder muss er grausame Rückschläge verarbeiten, Gefahren trotzen und die waghalsige Fahrt auf der Gefühlsachterbahn meistern.

Findet Silvan auf diesem abenteuerlichen Weg seine große Liebe und sein Happy End?

ISBN Paperback   978-3-86361-388-4

ISBN E-Book   978-3-86361-389-1

Zeitfracht Medien GmbH
Ferdinand-Jühlke-Straße 7
99095 Erfurt, Deutschland
produktsicherheit@kolibri360.de